Pascal Lièvre



# La logistique

La Découverte
9 *bis*, rue Abel-Hovelacque
75013 Paris

ISBN 978-2-7071-4625-0

« Rien n'est plus difficile que l'art de la manœuvre »,
Sun Tzu, *L'Art de la guerre*, 1978.

« Dans la guerre, tout est simple selon le projet initial, mais la chose la plus simple est difficile, c'est-à-dire dès que l'on passe à l'exécution »,
Carl von Clausewitz, cité par François Jullien
*in Traité de l'efficacité*, 1996.

# Introduction

Depuis les années 1980, la logistique connaît, en France, une certaine vogue dans le domaine de l'entreprise. Cet élan va se traduire par des glissements sémantiques. L'activité transport s'affiche de plus en plus « logistique », le service labellisé « intendance » prend souvent le nom de « logistique », la manutention et le stockage deviennent des opérations dites, plus globalement, « logistiques » et, plus récemment, c'est la stratégie et le management qui se qualifient de « logistiques ». Réduite, il y a encore peu de temps, à l'optimisation de problèmes pratiques secondaires, la logistique devient progressivement un enjeu pour les décideurs. Michael Porter [1980]*, dans son ouvrage consacré à la réflexion stratégique sur la chaîne de valeur, un des ouvrages le plus cité dans le monde en matière de stratégie [Martinet, 2000], identifiera la logistique comme un avantage concurrentiel possible pour une entreprise. Hervé Mathe et Daniel Tixier, professeurs à l'ESSEC, considèrent que la logistique est devenue à la fin du XXe siècle une des clés fondamentales de la compétitivité des entreprises [1991, p. 4].

Comment expliquer cette tendance ? En s'intéressant délibérément à la gestion des flux physiques, de l'amont à l'aval, la logistique développe une approche résolument transversale du

* Les références entre crochets renvoient à la bibliographie en fin d'ouvrage.

fonctionnement de l'entreprise ; une démarche à même de répondre aux problèmes organisationnels contemporains. Elle permet d'améliorer les modes de coordination entre les divisions fonctionnelles de l'entreprise : vente et marketing, production, achat, contrôle et finance... Elle a remis en cause la gestion traditionnelle en « silos » selon l'expression d'Hervé Mathe [2004]. La logistique en tant qu'art de l'entreprise globale, comme l'appellent Hugues Molet et Pierre-Philippe Dornier [2004], refaçonne actuellement l'ensemble des secteurs industriels, notamment dans le contexte européen. En effet, elle répond par là même aux exigences de coopération horizontale de l'entreprise « J », le modèle japonais, décrit par l'économiste Aoki [1986] comme celui permettant de s'adapter à un environnement évolutif et incertain, contrairement à l'entreprise hiérarchique « H », le modèle américain des années 1960. La logistique apparaît finalement comme une démarche organisationnelle qui, en privilégiant la gestion des interfaces, préserve et améliore la flexibilité et la réactivité de l'entreprise face à son environnement [Fabbe-Costes et Colin, 1994].

Confinée à ses origines au champ militaire, la logistique s'installe dans l'entreprise après la Seconde Guerre mondiale. Ce sont les entreprises du secteur de l'automobile et de la grande distribution qui vont être à la pointe de la logistique, parce que ce sont des secteurs éminemment concurrentiels. La France avait pris du retard en la matière vis-à-vis de pays comme les États-Unis, le Japon ou les pays du nord de l'Europe, mais aujourd'hui, ce retard tend à se combler progressivement.

Des revues se sont créées pour répondre aux besoins de connaissance en logistique. En France, il existe actuellement quatre revues qui sont apparues successivement : *Logistique magazine* en 1985, *Logistique et Management* en 1993, *Stratégie logistique* en 1996 et récemment *Le Journal de la logistique* en 2002. Des associations comme l'Aslog (Association française des logisticiens de l'entreprise) et une section française de la SOLE (Society of Logistics Engineers) ont été créées. Ces associations organisent des manifestations, animent le

**Encadré 1. On dit que la logistique...**

On dit habituellement que la logistique, « c'est avoir le bon produit là où une demande existe » et c'est vrai. On dit souvent que la logistique, « c'est avoir le bon outil au bon moment » et c'est vrai aussi. On dit moins souvent que la logistique, « c'est avoir la bonne information pour la bonne personne au bon moment » et c'est pourtant vrai. Ces différentes assertions expriment en quelque sorte les performances pratiques attendues qui résultent d'une « bonne » logistique. Mais la même question reste en suspens : comment faire ?

secteur à l'aide de lettres périodiques, produisent des dossiers thématiques, des livres. Des ouvrages, des manuels ont progressivement vu le jour [Mathe, Tixier et Colin, 1996 ; Aurifeille *et al.*, 1997 ; Pimor, 1998 ; Dornier et Fender, 2001 ; Sohier, 2001 ; Vallin, 2001 ; Perret et Jaffeux, 2002 ; Eymery, 2003 ; Paché et Sauvage, 2004 ; Lièvre et Tchernev, 2004 ; Molet *et al.*, 2006]. L'appareil de formation aussi intègre, petit à petit, cette demande de logistique. Les formations se multiplient et se diversifient : du bac technologique en passant par le DUT (Gestion, logistique et transport) jusqu'au niveau master et doctorat (il n'existe pas en France de doctorat proprement dit en logistique, en revanche il existe des doctorats en sciences de gestion ou en sciences de l'ingénieur qui sont orientés « logistique »). C'est aussi un marché porteur pour les consultants, les fabricants de logiciels de gestion...

La vague logistique s'étend à d'autres domaines que celui de l'entreprise : la logistique devient hospitalière, humanitaire, événementielle. Elle devient d'une manière générale une certaine façon d'aborder les problèmes d'organisation. Elle intéresse tout responsable (encadré 1), quels que soient son niveau hiérarchique, sa formation d'origine, la taille et le secteur de l'organisation dont il est en charge.

Autour de cette mode de la logistique, il y a un risque de diluer la spécificité organisationnelle de la logistique et de la réduire ou l'enfermer dans des expressions comme « optimisation, qualité, zéro stock, acquisition d'un logiciel "miracle" ».

**Encadré 2. Nous sommes tous des logisticiens !**

Nous sommes tous des logisticiens car nous sommes tous les jours confrontés à des problèmes de logistique. En effet, nous affrontons un problème de logistique dès que nous mettons en œuvre quelque chose. Par quelque chose, nous entendons l'action la plus simple qui soit : se brosser les dents, prendre le train, faire la cuisine, organiser sa journée, préparer un examen, partir en vacances... Dès que nous agissons pour réaliser une action, nous sommes obligés d'intégrer dans notre pratique les conséquences de nos agissements, d'essayer d'entrevoir la combinaison des opérations élémentaires à conduire pour aboutir au but envisagé. Si vous désirez réaliser un gâteau d'anniversaire pour ce soir, vous allez d'abord faire la liste de ce dont vous avez besoin : des œufs aux bougies... en passant par le four et le moule à gâteau. Puis vous allez *grosso modo* anticiper les différentes opérations à réaliser et les mettre en œuvre jusqu'à la réalisation effective du gâteau qui devra être prêt, au moins, pour la fin du repas. C'est mieux qu'il soit effectivement prêt pour la fin du repas. Comme vous avez une journée un peu chargée sur le plan professionnel, vous allez intégrer le temps de cuisson avec l'arrivée des convives. Vous allez synchroniser quelques opérations : vous allez les ordonner dans le temps pour que le gâteau soit prêt au moment où il le faut. Dans cette logique de flux tendus, un petit détail peut saboter toute l'opération. Ainsi, si, au dernier moment, on modifie le lieu de la fête et qu'elle ne se passe plus chez vous. Vous arrivez donc avec votre gâteau, pas cuit, à l'heure de l'apéritif chez vos amis pour vous rendre compte que « votre » moule ne rentre pas dans « leur » four. Petit détail technique qui va avoir des répercussions considérables sur la « performance » de la soirée : un repas d'anniversaire sans gâteau ! Il existe évidemment différentes manières de mettre en œuvre une action, de s'organiser, de faire de la logistique. Nous n'avons pas tous naturellement les mêmes habiletés en la matière. Pour certains, s'organiser cela coule de source, pour d'autres, c'est plus compliqué. Et lorsque les actions ont un certain degré de complexité, on fait appel à des professionnels que l'on appelle des « logisticiens ».

La logistique tend à devenir une collection grandissante d'outils et de techniques dont on ne voit pas la spécificité. Par ailleurs, les discours sur la « logistique » sont nombreux, éclatés, liés à des secteurs d'activité, à différents champs disciplinaires (sciences de gestion, sciences de l'ingénieur, recherche opérationnelle, informatique...) faisant peu référence les uns aux autres. Ce sont trop souvent des discours de spécialistes sur un segment particulier de la logistique. De plus, c'est un domaine où, plus qu'ailleurs, les praticiens ont leur mot à dire (encadré 2). Devant la multiplicité de ces discours, il devient difficile de s'y retrouver. C'est l'objet de cet ouvrage que de répondre à cette situation, en proposant au lecteur une grille de lecture d'ensemble de la logistique, tout en permettant d'en dégager les fondements.

La question de la définition de la logistique n'est pas triviale. Il y a une nécessité de préciser sa nature profonde d'un point de vue organisationnel. Nous voudrions montrer que la logistique est une manière spécifique d'aborder les problèmes d'une organisation en vue de son pilotage. Par organisation, nous entendons, ici, aussi bien : une cuisine, un atelier de production industrielle, un tournoi de tennis, une entreprise de distribution, une opération humanitaire, un hôpital ou une expédition polaire. Le logisticien s'intéresse à l'organisation en action, ce que Jean-Louis Le Moigne [1990] appelle une « organisation active », aux processus transversaux effectivement à l'œuvre. La logistique renvoie à une conception de l'organisation en termes de processus, c'est-à-dire un enchaînement d'opérations orientées vers un but : une succession d'opérations liées à l'écoulement d'un flux physique, de l'amont à l'aval, pilotée par un flux d'information en fonction d'une finalité globale explicite. Dans cette perspective, une grande attention est portée au problème de la mise en œuvre effective d'une solution, dans une situation donnée, dans un endroit donné, dans un temps donné, et à ses répercussions effectives sur l'ensemble de l'organisation. C'est dans l'articulation entre le niveau stratégique et le niveau opérationnel que se joue la dimension logistique. Comme le rappelle Philippe Lorino [2003], piloter une organisation revient fondamentalement à mettre en boucle la stratégie et les opérations de base. On dit que le logisticien a « la tête préoccupée par la stratégie », mais, dans le même temps, « les pieds résolument dans les palettes ». Comme l'exprime Jacques Colin [1996], la logistique est une discipline d'interface : interface entre la demande et l'offre, entre des logiques d'acteurs, entre les services de l'entreprise, entre l'intérieur et l'extérieur de l'organisation, entre des secteurs d'activité socio-économique, entre des pays avec leurs réglementations, leurs cultures...

Pour étayer cette définition, il y a une nécessité de revenir sur l'histoire de la logistique, sur les fondements même de cette discipline et sur son positionnement théorique qui reste à construire. En effet, la logistique se positionne à la fois comme une théorie mais aussi comme une pratique, à l'interface des sciences de gestion et de l'ingénieur. Elle veut combiner des dimensions stratégiques et opérationnelles. Elle renvoie à une certaine confusion des genres et des registres d'un point de vue académique, mais, par les combinaisons qu'elle opère, elle constitue une réponse pratique aux nécessités organisationnelles effectives de l'entreprise. On peut considérer la logistique en quelque sorte comme une pratique organisationnelle qui n'aurait pas encore complètement sa théorie. C'est en positionnant la logistique dans une perspective d'ingénierie organisationnelle au sens de Le Moigne qu'il est possible de construire la logistique comme une discipline scientifique à même de rendre compte des dimensions théoriques et pratiques, stratégiques et opérationnelles, et enfin intégratives des sciences de gestion et des sciences de l'ingénieur. Une gestion des flux acceptée dans toute sa complexité selon l'expression de Nathalie Fabbe-Costes [1992]. Il nous faudra finalement définir la logistique comme une science stratégique de la mise en œuvre organisationnelle dans ses dimensions aussi bien techniques qu'humaines.

Dans le chapitre I, nous aborderons le problème de la définition de la logistique. Après un détour étymologique qui fera apparaître une certaine dualité de la logistique entre le registre des mathématiques appliquées et celui des champs de bataille, nous présenterons les définitions modernes de la logistique d'entreprise qui ont progressivement orienté son champ : de la technique vers la gestion. Dans le chapitre II, nous convierons le lecteur à revenir sur l'histoire du développement de la logistique d'entreprise. Une histoire combinant les évolutions du contexte économique, des principes de management et des progrès technologiques. Celle-ci fait apparaître trois grandes périodes qui sont autant de manières d'appréhender la logistique comme une technique de rationalisation, mais aussi de la positionner comme une fonction secondaire puis principale dans l'entreprise.

Dans le chapitre III, nous ferons état de la boîte à outils de la logistique. Des outils empruntés, bricolés, aménagés dont les origines sont diverses : aussi bien la pratique experte d'un atelier d'une entreprise au Japon qu'un corpus théorique issu des sciences de gestion ou des sciences de l'ingénieur ; des outils qui se situent sur des opérations renvoyant à des registres distincts : stratégiques, tactiques, opérationnels ; enfin, des outils relatifs à des phases différentes de la chaîne logistique : amont, production, aval. En conclusion, la question de la spécificité des outils du logisticien sera posée, mettant en avant la logistique plutôt comme une classe de techniques managériales dont le point fixe serait une philosophie de l'organisation. Le chapitre IV montrera que le champ de la logistique ne se limite pas à l'entreprise, mais que celle-ci s'est déployée depuis de nombreuses années, dans des secteurs divers : militaire, humanitaire, hospitalier… Le champ de la logistique est celui de l'« organisation en action » sous toutes ses formes, enracinée dans une pratique plus ou moins réflexive. Nous porterons un regard sur une logistique un peu exotique, certes, mais une logistique qui a ses lettres de noblesse : la logistique de l'exploration polaire.

Dans une perspective de structuration du champ, le chapitre V proposera de rendre compte du « fonds commun » de ce qu'est une démarche logistique, comprise comme une pratique réflexive « générique » qui reste avant tout un travail de rationalisation, à partir d'une modélisation spécifique du « fonctionnement » de l'organisation (une modélisation centrée sur les flux !) dans un but opératoire. Cette réflexion nous conduira à proposer une nouvelle définition de la logistique, présentant un caractère délibérément intégratif [Lièvre, 2006] propre à se développer dans le champ ouvert par Jean-Louis Le Moigne [1990], dans les termes d'une ingénierie

**Encadré 3. Paul-Émile Victor : un « grand » logisticien**

Tout le monde connaît Paul-Émile Victor (PEV) comme un explorateur polaire français du xxe siècle. L'image habituelle de PEV est associée à celle d'un aventurier, d'un conférencier médiatique ayant des talents de conteur ou d'un ethnologue. Ce que l'on sait moins, c'est que PEV est un organisateur surdoué, un grand logisticien. On sait gré au récent travail biographique réalisé par Thierry Fournier [2005] de mettre en valeur cette dimension du personnage. L'organisation d'une expédition polaire est un bel exercice de logistique : mettre en œuvre des opérations dans des registres très variés qu'il faut synchroniser et ordonner dans le temps pour aboutir à un but, inventer des solutions techniques et organisationnelles en situation, mobiliser des partenaires et les faire collaborer, et tout ceci dans un contexte hostile où toute erreur « se paie au comptant ». Parmi les différentes expéditions organisées par PEV aussi bien en Arctique qu'en Antarctique, c'est l'expédition glaciologique internationale au Groenland en 1959, après quatre ans de préparation, qui constitue son projet le plus abouti. Thierry Fournier écrit : « Cette campagne constitue l'apogée de sa carrière polaire : logistique parfaitement au point, étude systématique de l'*inlandsis* groenlandais, reconnaissance internationale de l'excellence des méthodes scientifiques et techniques des Expéditions polaires françaises et de leur homme-orchestre. » De fait, PEV a écrit de nombreux ouvrages de logistique polaire : retour d'expérience à partir des expéditions réalisées par l'auteur, histoire de l'exploration polaire depuis le xixe siècle et aussi des manuels techniques à visée pédagogique. Les Expéditions polaires françaises, créées par PEV en 1948, vont devenir par la suite l'Institut français pour la recherche et la technologie polaires, basé à Brest, dont la mission sera d'assurer la « logistique » des recherches françaises réalisées dans le milieu polaire. Cet organisme est devenu récemment l'institut Paul-Émile-Victor.

organisationnelle, avec un ancrage particulier sur le terrain [David, 2000]. En conclusion, nous présenterons les attributs de la logistique du xxie siècle, à même de répondre à une économie de la connaissance au sens de Foray [2000] : une logistique de projet.

## I / Les définitions de la logistique : le problème des fondements

Mais qu'est-ce que la logistique ? Comme nous l'avons rappelé en introduction, cette question relève d'une réelle problématique organisationnelle. Dans le même temps, l'usage de cette notion a tendance à se généraliser. Il y a des risques de réduire la logistique à une technique d'optimisation, à un principe de réduction des stocks, à une démarche « qualité » ou de ré-*engineering*... ou encore à l'implantation d'un progiciel de gestion intégré, de type ERP (*entreprise resource planning*). Il y a aussi des risques de diluer cette notion et d'en faire un concept « éponge », vidé de sa composante spécifiquement organisationnelle : une problématique essentiellement centrée sur la question de la mise en œuvre. Une thématique « fondamentale » chez les grands stratèges militaires comme Sun Tzu ou von Clausewitz dans la conduite d'une organisation pour qui la chose la plus difficile est bien l'art de la manœuvre [Jullien, 1996].

Les définitions de la logistique sont multiples. De nombreux auteurs ont fait ce constat aussi bien dans le champ des sciences de gestion [par exemple, Tixier *et al.*, 1996] que dans le champ des sciences de l'ingénieur [par exemple, Pimor, 2001]. On pourrait recenser une soixantaine de définitions de la logistique depuis son origine. Même s'il y a un consensus autour de l'idée que l'on peut définir la logistique comme le pilotage des flux dans une organisation, cette notion reste largement polysémique. En effet, à partir de ce point commun, des questions de fond sont à aborder : quel est le statut de cette notion de flux par rapport à celle d'organisation ? Comment se situe cette problématique de la gestion des flux par rapport à celle de la stratégie globale de l'organisation ? Selon quelles rationalités les flux vont-ils être pilotés ? Les réponses à ces différentes questions vont nous orienter vers des perspectives largement disjointes de la logistique.

L'objet de ce chapitre est de rendre compte de cette variété et de s'interroger finalement sur sa nature qui questionne les fondements même de la logistique. Dans un premier temps, nous reviendrons aux notions premières de la logistique puis, dans un second temps, nous déroulerons l'histoire des définitions modernes sous l'angle de l'entreprise.

## Les origines étymologiques de la logistique : une perspective duale

La logistique prend sa source historiquement dans deux territoires distincts : celui des mathématiques et celui des champs de bataille. En effet, le mot « logistique » a deux significations. Premièrement, ce mot a une origine mathématique. Celui-ci est apparenté au mot grec *logistikos* : ce qui est relatif au raisonnement sous l'angle des mathématiques. Deuxièmement, une origine militaire : la logistique provient du grade d'un officier en charge du « logis » des troupes, lors du combat.

### *Le territoire du* logistikos *ou de l'optimisation logistique*

Selon le dictionnaire historique de la langue française *Le Robert* (2000), le mot logistique provient du mot grec *logistikos* qui signifie « relatif au calcul », « qui concerne le raisonnement ». Il sera par la suite à l'origine du mot latin *logisticus* ayant la même signification. C'est le philosophe grec Platon (428-348 av. J.-C.) qui, le premier, va utiliser le mot *logistikos* :

il veut opposer le calcul pratique à l'arithmétique théorique : pour ce faire, il désigne la logistique comme le calcul pratique. On peut suivre l'usage de ce mot dans la langue française sous l'angle des mathématiques et/ou de la logique mais toujours en conservant cette dimension pratique jusqu'au XXIe siècle. Le mot « logistique » est employé la première fois dans la langue française en 1590, comme un adjectif qui signifie « qui pense logiquement ». En 1611, la logistique est considérée comme une partie de l'algèbre qui concerne les quatre opérations élémentaires. En 1765, le terme « logistique » est associé à celui de logarithme, on parle de logarithme logistique. Au début du XXe siècle, sous l'impulsion de Bertrand Russel, la logistique devient une discipline qui s'intéresse à la dimension logique des mathématiques. Bertrand Russel considère que la logique devient de plus en plus mathématique et les mathématiques de plus en plus logiques. Il considère que la mathématique est l'étape de maturité de la logique.

L'utilisation des mathématiques pour construire la logique est le point de départ de la théorie des algorithmes, enchaînement d'opérations non ambiguës permettant strictement de parvenir toujours au même but. Pour donner un exemple concret, la recette de cuisine peut être considérée comme un algorithme très élémentaire (il apparaît qu'une recette de pâtisserie a un caractère encore plus algorithmique qu'une recette de cuisine en général, c'est-à-dire qu'il faut suivre avec une grande rigueur tous les éléments de la recette pour aboutir effectivement au résultat désiré), mais un algorithme tout de même. En effet, si l'on suit rigoureusement son cheminement, on parvient au plat désiré. Cette notion aura une importance considérable puisqu'elle sera le mécanisme de base du concept de programme enregistré qui a permis le développement de l'informatique. La logistique est l'art d'organiser un calcul en étapes pour aboutir à un but [Ifrah, 1994, p. 625], ce que certains vont appeler une logique algorithmique.

L'usage du mot « logistique » au sens de *logistikos* tel qu'il s'est développé depuis son origine renvoie donc à l'idée de l'usage d'une raison mathématique, que ce soit le calcul à partir des opérations élémentaires ou l'algorithme, conduit en fonction d'une finalité pratique. Nous retenons que le mot « logistique » au sens du *logistikos* peut être considéré comme un raisonnement formel à usage pratique.

En définissant ainsi la logistique, nous sommes proches de ce qu'on appelle la recherche opérationnelle. C'est une discipline, comme le rappelle Éric Jacquet-Lagrèze [ROADEF, 2005], « qui est née pendant la Seconde Guerre mondiale pour aider les forces alliées à détruire le plus grand nombre possible de sous-marins allemands et optimiser des opérations de logistique militaire ». Il s'agissait de mobiliser des outils issus des mathématiques au sens large pour trouver des solutions optimales à des problèmes pratiques, ici de type militaire. Dès la fin de la guerre, cette discipline à la croisée des mathématiques appliquées et de l'économie mathématique a pris comme terrain l'entreprise. R.L. Ackoff [1973] est l'un des auteurs pionniers de ce courant. En France, cette approche est aujourd'hui représentée par une association : la ROADEF (Société française de recherche opérationnelle et d'aide à la décision). Elle définit la recherche opérationnelle comme une « approche scientifique (au sens de mathématique) pour la résolution de problèmes de gestion de systèmes complexes ». Le domaine logistique est un terrain privilégié de mobilisation des outils de la recherche opérationnelle : recherche du chemin « le plus court » du voyageur de commerce, ordonnancement « optimal » d'opérations de production dans une usine, affectation « optimale » de marchandises dans un camion... Nous sommes sur le territoire de l'« optimisation » logistique.

### *Le territoire du « logis »*

Le mot « logistique » dérive du mot français « logis » comme le précise Antoine Henri Jomini (1779-1869) (encadré 4) en 1837, dans son traité *Précis de l'art de la guerre*. En effet, on donne le grade de « major général des logis » à « un officier qui

### Encadré 4. Antoine Henri Jomini (1779-1869)

Il est né en Suisse le 6 mars 1779. Originaire d'une famille de notaires, il fait des études modestes et devient agent de change. Il se passionne très tôt pour les questions militaires en tant qu'autodidacte et montre un profond intérêt pour la carrière militaire. Il devient en 1800 chef de bataillon au service de la république helvétique. C'est le maréchal Ney qui découvre son talent et l'aide à publier son *Traité de grande tactique*. C'est lui qui va expliciter par écrit la méthode mise en œuvre par Napoléon sur les champs de bataille. Il débute sa carrière militaire dans l'armée française sous les ordres du maréchal Ney. Ses écrits lui valent une notoriété grandissante. Il sert ensuite l'État-major de la Grande Armée, avec le grade de général de brigade, sous les ordres de Napoléon Ier. Il participe aux campagnes d'Allemagne, de Prusse, de Pologne et d'Espagne de 1805 à 1808. En 1813, il devient chef d'État-major du maréchal Ney aux batailles de Lutzen et de Bautzen. Il est écarté pour le grade de général de division pour une raison futile et, après l'armistice, il rejoint le tsar Alexandre Ier avec le grade de général de division dans l'armée russe. Nicolas Ier le nomme général en chef en 1826. Il est consulté pour la campagne de Turquie et la guerre de Crimée. Il est chargé d'étudier une réforme de l'enseignement militaire et de fonder une académie et il devient le prescripteur militaire du futur tsar Alexandre II.

Son œuvre est importante et reconnue internationalement. Parmi ses ouvrages : *Traité des grandes opérations militaires*, *Histoire de la guerre de la révolution*, en quinze volumes, *La Vie politique et militaire de Napoléon* en quatre volumes qui fait référence chez les historiens, et son fameux *Précis de l'art de la guerre* qui est une synthèse pédagogique de ses travaux antérieurs, destinée à l'instruction du futur tsar Alexandre II. L'approche stratégique de l'armée américaine est qualifiée de « jominienne » lors des manœuvres pendant la guerre du Golf et lors des opérations conduites en Afghanistan et en Irak.

avait la fonction de loger ou de camper les troupes, de diriger les colonnes, de les placer sur le terrain » [Jomini, 1837, p. 271]. Le logisticien militaire avait en charge le transport, le ravitaillement et le campement des troupes. C'est à lui que revenait l'art de combiner ces moyens pour réaliser sa mission. Puis, avec l'avènement de la guerre sans camp, le mouvement des troupes devient plus compliqué. De retour d'expérience en retour d'expérience, le domaine de compétence du logisticien va s'étendre : il devient le chef de l'État-major. On lui confie alors la transmission des ordres du général en chef sur les points les plus éloignés du combat. De fait, il pouvait en retour informer le chef suprême de l'avancée des combats, ce qui permettait à ce dernier, en retour, d'envoyer des nouvelles directives. Cet officier fut chargé progressivement de surveiller la bonne exécution de l'ensemble des opérations d'une campagne militaire dans les moindres détails [Jomini, 1837, p. 272]. Or le « mouvement des armées » est la chose reconnue par les grands stratèges, tels Sun Tzu ou von Clausewitz, comme à la fois la plus difficile et la plus essentielle dans le déroulement d'un combat. Jomini s'interroge alors sur le statut de la logistique dans les traités militaires : habituellement cataloguée « comme une science du détail », elle devient progressivement « une science générale, c'est-à-dire la science de l'application de toutes les sciences militaires » que nous traduisons comme une science de la « mise en œuvre ». En effet, c'est la nature de la boucle entre la conception stratégique et la mise en œuvre qui change profondément de nature ; la composante logistique ne doit plus suivre la stratégie d'une manière secondaire : elle doit être associée à la réflexion stratégique dès son amorce. Auparavant, le général des armées élaborait la stratégie à l'écart des problèmes logistiques. Cette stratégie une fois élaborée était communiquée au major général des logis qui devait prendre les dispositions adéquates en matière de transport, de ravitaillement et de campement. La logistique suivait les décisions stratégiques. L'expression commune « L'intendance suivra ! » traduit bien cette perspective. La prise de conscience de l'inversion qu'il fallait opérer quant à la place de la logistique par rapport à la stratégie s'est faite relativement tard : dans le traité de Jomini, elle fait l'objet d'une note de quinze pages à la fin de son ouvrage [1835, p. 271-285]. Cette manière disjointe de rendre compte du rapport entre la conception et la mise en œuvre est l'héritage de la philosophie d'Aristote, comme le montre le philosophe François Jullien [1996, p. 17] ; un principe complètement absent de la pensée chinoise de la guerre telle qu'elle s'est exprimée chez Sun Tzu. La conception chinoise de l'« efficacité » telle qu'elle a été développée lors des guerres de l'Antiquité [Jullien, 1996] est très proche d'une réflexion moderne sur le statut de l'effectivité en logistique, qui va donner lieu, par exemple, à la notion de logistique stratégique dans le domaine de l'entreprise [Fabbe-Costes et Colin, 1992]. Il s'agit d'utiliser le potentiel logistique d'une organisation pour concevoir sa stratégie. Il suffirait, comme disent les anciens Chinois, de savoir tirer parti du déroulement de la situation pour se laisser porter par elle [Jullien, 1996, p. 8].

C'est avec la Seconde Guerre mondiale que la logistique va trouver sa consécration dans l'art de la guerre en Occident. En effet, le débarquement des alliés en Normandie a été un problème logistique formidable qui a consisté à débarquer 150 000 hommes sur des plages, appuyés par 14 000 hommes acheminés par avions et planeurs en quelques heures.

Dans le même temps, il fallait paralyser la riposte adverse qui avait anticipé ce type d'opération par la construction du mur de l'Atlantique. C'est en brisant l'ensemble des communications allemandes, en détruisant leurs dépôts de munitions et de carburant que le débarquement a pu avoir lieu et a pu réussir. Le général de Gaulle déclarera à ce sujet : « C'est en respectant la logistique que le général Eisenhower mena jusqu'à la victoire [...] la machinerie des armées du monde libre. » Cette réflexion logistique va pénétrer l'entreprise industrielle à partir des années 1960. Ce sont les logisticiens militaires démobilisés qui vont devenir les premiers acteurs de cette logistique d'entreprise. Des chercheurs en sciences de gestion comme Heskett aux États-Unis ou comme Tixier, Mathe et Colin en France, vont se reconnaître explicitement dans la perspective logistique ouverte par Jomini : coupler stratégie et logistique dans une même boucle, la logistique stratégique.

L'étymologie du mot « logistique » nous a entraînés sur deux pistes distinctes, l'optimisation logistique et la logistique stratégique ayant chacune leur propre histoire et des ramifications jusqu'à aujourd'hui, comme nous l'avons vu, respectivement dans le domaine des sciences de l'ingénieur et des sciences de gestion. Cette mise en perspective met en exergue le profond clivage qui peut exister entre ces deux disciplines autour de la logistique, au-delà du consensus de surface qui consiste à la définir comme la gestion des flux. Ce clivage est d'ordre sémantique : on ne met pas la même chose derrière les mêmes mots comme nous l'avons vu. Le clivage est aussi d'ordre théorique car les fondements d'une solution logistique vont relever d'une part de la mathématique appliquée et d'autre part de l'expérience humaine. D'un côté, l'homme est un problème, de l'autre, l'homme est une solution. Enfin, le clivage est aussi d'ordre épistémologique : d'un côté, une conception plutôt positiviste[1] de la science où la logistique est de la balistique, pour reprendre l'expression de Michel Berry [1996] ; de l'autre, une posture plutôt constructiviste où la logistique relève plus d'un dialogue « équilibré » entre un chercheur et un praticien. Ces deux paradigmes vont conduire les chercheurs à adopter des points de vue différents sur la manière de travailler. Dans un cadre positiviste, le problème à résoudre apparaîtra comme une donnée, le travail du chercheur consistant alors à trouver une solution, alors que dans un cadre constructiviste, le travail du chercheur sera de formuler le problème, de le construire [Le Moigne, 1990]. La logistique, discipline en voie de constitution, doit pouvoir s'appuyer sur ces deux jambes, à condition que chacune accepte de marcher avec l'autre. Pour les sciences de l'ingénieur, et, plus exactement, la recherche opérationnelle, la discipline reste encore trop comme un champ de solutions à la recherche de problèmes pratiques [Le Moigne, 1990]. Il faut passer de la balistique à la maïeutique, comme l'ont fait les deux laboratoires de gestion de l'École polytechnique et de

1. Jean-Louis Le Moigne propose de radicaliser les principes qui opposent ces deux postures épistémologiques dans son ouvrage *Les Épistémologies constructives* [1995]. Il proposera de schématiser ces deux perspectives de la manière suivante : d'un côté, nous sommes en présence d'un territoire existant indépendamment d'un modélisateur qui devrait en tracer la carte, d'un autre côté, nous sommes en présence d'un modélisateur ayant pour projet de concevoir une carte qui deviendrait ensuite le territoire.

l'École des mines de Paris [Berry, 1996], ce qui revient à ne plus présenter un modèle formel comme une simple solution technique à un problème pratique « donné ». Pour les sciences de gestion, la filiation de la logistique d'entreprise avec la logistique militaire éclaire d'une manière particulière les relations que celle-ci devrait avoir avec la pratique réflexive de « ceux qui font » et finalement sur la place qu'elle doit attribuer à l'activité humaine [Teulier et Lorino, 2005a].

## Une pluralité de définitions de la logistique moderne

Depuis que la logistique a investi le domaine de l'entreprise, soit après la Seconde Guerre mondiale, les définitions se sont multipliées, qu'elles soient le fait d'institutions et/ou d'auteurs. Certains parlent de cinquante définitions [Mathe, Tixier et Colin, 1996], véhiculées par des institutions comme l'American Marketing Association, en passant par le Council of Logistic Management, l'Institute of Logistic, l'Aslog (Association française des logisticiens d'entreprise), la SOLE (Society of Logistics Enginers)… jusqu'au CRET-LOG (Centre de recherche en transport et logistique).

La première définition de la logistique d'entreprise est donnée par une association de marketing en 1948. Selon l'American Marketing Association, « la logistique concerne le mouvement et la manutention de marchandises du point de production au point de consommation ou d'utilisation ». La logistique se voit confier par les hommes du marketing la mission d'acheminer les produits fabriqués par une entreprise à destination du client final. C'est un rapport de nécessité qui s'établit entre le marketing et la logistique [Mathe, Tixier et Colin, 1996]. Peter Drucker, en 1975, traduira clairement cette nécessité : « Le but du marketing est de rendre la vente superflue, de connaître et de comprendre si bien le client que le produit ou le service sera naturellement adapté à ses besoins et se vendra lui-même. Idéalement, la démarche marketing doit conduire à un client prêt à acheter. Tout ce qu'il y a lieu de faire est de rendre le produit disponible » [*in* Aurifeille *et al.*, 1997]. Si le client ne dispose pas physiquement du produit au lieu où il en a besoin, tout le travail réalisé en amont par le marketing se trouve annulé. Nous sommes ici dans le registre d'une logistique de distribution, une logistique aval. À cette logistique aval, par rapport à la production, qui constitue le noyau historique de la logistique d'entreprise, vont s'ajouter rapidement des éléments d'une logistique amont. Si la logistique prend en charge l'écoulement des produits entre l'entreprise et le client, elle pourrait aussi prendre en charge la circulation des flux physiques entre les fournisseurs et l'entreprise. Ce sont les mêmes problèmes de transport et de gestion des stocks.

Lors de sa création en 1962, le Conseil national de la gestion de distribution physique (National Council of Physical Distribution Management), basé à Chicago, va engager cette extension en proposant de définir la logistique de la manière suivante : « Terme employé dans l'industrie et le commerce pour décrire le vaste spectre d'activités nécessaires pour obtenir un mouvement efficient de produits finis depuis la sortie des chaînes de fabrication jusqu'au consommateur, et qui dans quelques cas inclut le mouvement des matières premières depuis leurs fournisseurs jusqu'au début des chaînes de fabrication. Une liste des activités que doit prendre en charge la logistique est ajoutée : le transport des marchandises, l'entreposage, la manutention, l'emballage, le contrôle des stocks, le choix des emplacements d'usines et d'entrepôts, le traitement des commandes, les prévisions de marché et le service offert aux clients. » Comme le précisent Mohammad Reza Akbari Jokar, Yannick Frein et Lionel Dupont [2002], il y a un élargissement de la prise en charge des opérations physiques par rapport à une logistique de distribution, mais surtout il y a une évolution de préoccupations spécifiquement techniques vers des activités liées à la gestion et quelquefois même la stratégie, comme le contrôle des stocks, la prévision des ventes, la nature du service rendu au client et le choix des emplacements de l'usine et des entrepôts.

Comme le précise Gilles Paché [2000], il faudra attendre l'ouvrage de John F. Magee [1968] pour franchir un pas significatif dans l'analyse. Il y a une extension du domaine de la logistique qui incorpore maintenant non seulement la distribution physique, mais aussi l'approvisionnement et la gestion de production. La logistique devient une « technique de contrôle et de gestion des flux des matières et de produits depuis leur source d'approvisionnement jusqu'à leur point de consommation ». La dimension « gestion » de la logistique est affirmée pour l'ensemble des opérations des trois sous-systèmes : approvisionnement, production et distribution. Cette tendance se confirme avec une nouvelle définition proposée par le NCPDM, en 1972 : « Terme décrivant l'intégration de deux (ou plus) activités dans le but de planifier, mettre en œuvre et contrôler un flux efficient de matières premières, produits semi-finis et produits finis, de leur point d'origine au point de consommation. Ces activités peuvent inclure, sans que la liste soit limitative, le type de service offert aux clients, la prévision de la demande, les communications liées à la distribution, le contrôle des stocks, la manutention des matériaux, le traitement des commandes, le service après-vente et des pièces détachées, le choix des emplacements d'usines et d'entrepôts, les achats, l'emballage, le traitement des marchandises retournées, la négociation ou la réutilisation des éléments récupérables ou mis à la ferraille, l'organisation de transports et le transport effectif des marchandises ainsi que l'entreposage et le stockage. »

La même année, en France, François Kolb désigne la logistique comme une approche globale des problèmes posés par l'organisation et la conduite des opérations de transport, de manutention et de stockage permettant l'écoulement des flux de marchandises engendrées par les activités d'une entreprise [Kolb, 1972]. En 1978, lors du colloque international organisé par James L. Heskett, professeur de logistique à Harvard, il est acquis que le champ de la logistique est la circulation des flux physiques dans les phases d'approvisionnement, de production et de distribution. Mais c'est avec l'article de James

L. Heskett, « La logistique, élément clé de la stratégie » [1978], paru dans la revue *Harvard L'Expansion*, que la logistique prendra place comme un véritable mode de management de l'entreprise : « La logistique englobe les activités qui maîtrisent les flux de produits, la coordination des ressources et des débouchés, en réalisant un niveau de service donné au moindre coût. » Cette évolution se traduit sur le plan sémantique : Ronald H. Ballou publie un ouvrage de référence, intitulé *Basic Business Logistics* [1978] ; en 1986, le NCDPM devient le Council of Logistics Management. La dimension « management » de la logistique est affirmée. Par ailleurs, si l'objet de la logistique est la gestion de la circulation des flux physiques de l'entreprise, il apparaît que celle-ci doit prendre en charge les flux d'information qui, de fait, pilotent ces flux physiques. Le Council of Logistics Management définit la logistique comme « une partie des activités d'une chaîne logistique (*supply chain*). Elle concerne la planification, l'exécution et le contrôle du flux efficient et effectif du stockage de produits, du service de l'information relatif à ces fonctions du point d'origine au point de consommation pour satisfaire les besoins des clients ». Poursuivant cette idée d'une chaîne logistique associant des flux physiques et d'information, en 1987, Jacques Colin, Claude Fiore, Hervé Mathe et Gilles Paché proposent de définir la logistique comme « une technologie de la maîtrise de la circulation physique des marchandises qui, pour réaliser ses deux priorités de réduction des coûts et d'optimisation du niveau de services, associe en un double mouvement un flux de marchandises, régulé d'aval en amont par un flux d'information ». En 1993, une nouvelle institution voit le jour : l'Institute of Logistics qui est la fusion de deux autres instituts (Institute of Materials Management et Institute of Logistics and Distribution). Cet institut va proposer une définition de la logistique qui va à la fois étendre son champ d'activité aux systèmes physiques, mais aussi aux systèmes d'information de l'entreprise, accentuant la dimension management et stratégie. Il propose de définir la logistique comme le « management stratégique d'une chaîne logistique ».

« La chaîne logistique est une séquence d'événements pour satisfaire les clients. Elle peut contenir les activités d'approvisionnement, production, distribution et gestion des déchets, avec le transport associé, stockage et technologie informatique. » Mais, dans le même temps, il va donner une définition synthétique : « La logistique est le fait de positionner les ressources en fonction du temps. » En 1996, Daniel Tixier, Hervé Mathe et Jacques Colin vont avoir la même démarche et proposent une définition la plus complète qui soit : « La logistique est le processus stratégique par lequel l'entreprise organise et soutient son activité. À ce titre sont déterminés et gérés les flux matériels et informationnels afférents, tant internes qu'externes, qu'amont et aval. Dans le cadre de la poursuite des objectifs généraux à laquelle elle concourt, sa mission consiste à permettre l'élaboration de l'offre de l'entreprise et à en réaliser la rencontre avec la demande du marché, tout en recherchant systématiquement les conditions d'optimalité dans l'exécution. Sa mise en œuvre procédant de différents acteurs, elle est appelée à gérer en ce sens les tensions à leurs interfaces du fait de la non-identité de leurs objectifs propres. » Puis ils effectuent une synthèse de l'essentiel, dans la préface à la deuxième édition : « Nous pensons que la logistique est l'arme de la mise en œuvre de la stratégie et qu'il n'y a pas de plan stratégique indépendant du potentiel logistique. » Progressivement, ce sont toutes les opérations liées au cycle de vie d'un produit qui vont être associées à la logistique : de la conception des produits jusqu'à leur retrait du marché en passant par la phase de recyclage des déchets. Par ailleurs, les flux financiers vont être ajoutés dans le système étudié. La définition proposée par The Logistics Institute (association entre Georgia Technology, le National Science Foundation et un groupe choisi d'universités et d'entreprises ; les partenaires universitaires actuels incluent l'université du Nord-Ouest, l'université de Princeton et l'université de l'Arkansas) en 1998 est illustrative de cette tendance : « La logistique est une collection de fonctions relatives aux flux de marchandises, d'informations et de paiement entre fournisseurs et clients depuis l'acquisition des matières premières jusqu'au recyclage ou à la mise au rebut des produits finis. »

Pour clore ce panorama, nous proposons trois définitions illustratives des positions des acteurs, praticiens ou chercheurs, issus des sciences de gestion ou de l'ingénieur par rapport à la logistique. La première est celle de l'Aslog (www.aslog.org), une association qui regroupe des logisticiens français de l'entreprise, créée en 1972, dont le siège est à Paris. Elle définit la logistique en 1998 comme étant « l'ensemble des activités ayant pour but la mise en place, au moindre coût, d'une quantité de produits, à l'endroit et au moment où une demande existe. La logistique concerne donc toutes les opérations déterminant le mouvement des produits tel que : localisation des usines et entrepôt, approvisionnement, gestion physique des "encours" de fabrication, emballage, stockage et gestion des stocks, manutention et préparation des commandes, transports et tournées de livraison ». Cette définition donne la priorité à la performance attendue de la logistique : fournir le produit attendu, au moment attendu, à l'endroit attendu, à un niveau de service attendu et elle décline l'ensemble des activités dévolues à la logistique. Pour la SOLE (Society of Logistics Enginers), qui a une section française (www.soleurope.org/france), la logistique est la science et la pratique des procédés techniques, de l'organisation et du pilotage mis en œuvre pour déterminer et concevoir, armer et maintenir les moyens nécessaires à des objectifs, des programmes et des opérations. Les fonctions logistiques classiques sont : études et programmation, achat-approvisionnement, transport, ravitaillement, maintenance et retrait. Les processus logistiques classiques sont : identification des besoins, armement, déploiement, maintien en condition et élimination. Cette définition propose d'enraciner la logistique dans la science, mais aussi dans la pratique avec une composante premièrement technique, deuxièmement organisationnelle et ayant pour finalité le pilotage d'opérations : de la conception à son élimination. Selon des chercheurs en sciences de gestion [Aurifeille *et al.*, 1997], « la démarche logistique est transversale aux fonctions classiques de l'entreprise, elle est centrée sur la gestion des flux physiques, informationnels, financiers, aussi bien en interne au sein des entreprises que dans les relations entre entreprises partenaires d'une même chaîne de valeur. À ce titre, elle peut être vue comme une compétence de gestion et de pilotage des flux qui, pour optimiser le couple coût/niveau de service, mobilise un certain nombre de ressources le long des processus de circulation ». Il s'agit de positionner la logistique par rapport aux approches classiques des sciences de gestion ayant un point de vue plutôt vertical qu'horizontal, et aussi de montrer que l'on s'intéresse à la boîte noire de l'entreprise, c'est-à-dire aux opérations physiques concrètes de son fonctionnement, sans pour autant perdre de vue leurs dimensions stratégiques *via* la chaîne de valeur.

Que retirer de ce panorama des définitions de la logistique d'entreprise ? Il y a une richesse sémantique convergente mais aussi divergente, qui traduit à la fois la jeunesse de cette discipline, sa rapide évolution, ses origines différentes, mais qui révèle aussi la complexité, au sens d'Edgar Morin [1990] — c'est-à-dire ce qui est tissé ensemble —, d'une discipline ayant des velléités scientifiques et pratiques, dont le champ est la technique et l'organisation, enfin qui veut articuler l'échelon de l'opération de base à celui de la stratégie et qui prend à bras-le-corps le problème du pilotage de l'organisation, c'est-à-dire la mise en œuvre.

Nous sommes en présence d'une série de définitions de type « agglutinante » c'est-à-dire de définitions qui successivement s'ajoutent les unes aux autres et qui assignent des missions de plus en plus étendues à la logistique au sein de l'entreprise. Dans cette histoire, le retour d'expérience joue un rôle important. Le point de départ est la prise en charge de la circulation des produits physiques de l'entreprise : en premier lieu, de l'entreprise vers ses clients (la logistique de distribution), puis des fournisseurs vers l'entreprise (la logistique amont), et finalement, on ajoute aussi la circulation des produits au sein même de l'entreprise (la logistique de production). On va s'intéresser progressivement aux flux d'information qui vont permettre de contrôler, de commander, de piloter ces flux physiques. Au départ, la prise en charge de ces deux types de flux renvoie à une dimension technique à laquelle vont s'ajouter très rapidement des dimensions gestionnaires. On passe progressivement d'une problématique technique du point de vue des sciences de l'ingénieur, à une perspective gestionnaire, organisationnelle du point de vue des sciences de gestion. Il faut aussi noter le point de basculement avec les travaux d'Heskett qui, le premier, va entrevoir la dimension délibérément stratégique de la logistique, c'est-à-dire la possibilité pour l'entreprise d'asseoir sa stratégie sur sa composante logistique. Finalement, on propose de modéliser le fonctionnement de l'entreprise autour de cette vision d'une chaîne logistique combinant, synchronisant, coordonnant des flux physiques et d'information autour d'objectifs de réduction de coût, d'amélioration de niveau de service au profit de la stratégie de l'entreprise. Le changement est ici d'importance : il ne s'agit plus de gérer les flux de l'entreprise mais de se doter d'une représentation du fonctionnement de l'organisation à partir des flux dans une perspective de pilotage.

Un certain niveau de performance est attendu, comme le propose l'Aslog, mais la grande question reste : comment faire ? Sur quel type de rationalité fonder ces nouvelles configurations organisationnelles ? Explicitement, ces définitions passent largement à côté de ce problème crucial. Or c'est ici que le détour étymologique proposé prend toute sa valeur car aussi bien l'optimisation logistique issue des mathématiques au sens large que la combinaison stratégie-mise en œuvre issue de l'expérience militaire apportent deux éclairages différents voire opposés sur cet aspect. D'un côté, l'idée sous-tendue est que la logistique constitue un raisonnement « formel » ayant des retombées pratiques, à même de résoudre des problèmes pratiques. Nous sommes dans le registre de l'optimisation logistique. La véracité de la solution logistique réside dans l'usage de la logique formelle. De l'autre côté, l'idée est de poser la nécessité de coupler stratégie et mise en œuvre, dès la phase de conception, dans toute action. Dans cette perspective, la logistique est appréhendée comme la science stratégique de la mise en œuvre organisationnelle où une grande attention est portée au retour d'expérience. « Le vrai est le faire même » pour reprendre l'expression de Jean-Baptiste Vico, si souvent cité par Jean-Louis Le Moigne [2000]. C'est l'effectivité qui est la source du savoir. Ces deux perspectives sont opposées. En radicalisant, on peut dire que l'une renvoie à la science mathématique appliquée, l'autre à l'effectivité organisationnelle qui repose sur une « captation » de l'expérience humaine. D'un côté, l'homme est la source des erreurs, et de l'autre, l'homme est la solution. Finalement, on retrouve ces deux perspectives aujourd'hui au sein des sciences de l'ingénieur et des sciences de gestion. Il n'y a pas un consensus aujourd'hui sur la place que doit détenir l'expérience humaine, l'activité humaine au sein des disciplines de gestion. Néanmoins, cette perspective est aujourd'hui d'actualité pour un certain nombre de chercheurs dont trois ouvrages récents font écho : David, Hatchuel et Laufer, [2000], Avenier [2000], Teulier et Lorino [2005a]. Nous défendrons la thèse qu'une définition de la logistique doit investir ce problème de la rationalité des configurations organisationnelles proposées et permettre à ces deux branches de la logistique de « travailler » de concert, même si les clivages ne manquent pas. Nous proposerons une définition de la logistique, ainsi qu'un espace de travail qui va dans ce sens, dans le chapitre final. En attendant, il s'agit de donner un contenu plus concret au développement de la logistique d'entreprise en intégrant les dimensions économiques, technologiques et managériales.

## II / Le développement de la logistique d'entreprise

La logistique s'est largement développée au sein de l'entreprise après la Seconde Guerre mondiale, mais elle a connu, depuis, de profondes transformations. La manière dont la logistique s'est construite progressivement pendant cette période est empreinte de trois facteurs : le contexte économique, les principes de management en vigueur et les évolutions technologiques en matière de télécommunications et d'informatique. Cette contextualisation permettra de faire émerger la logistique comme une démarche « générique » d'organisation, comme une tentative de rationalisation organisationnelle — d'une mise en ordre d'un certain point de vue — mobilisant la notion de flux.

Nous distinguons dans cette histoire de la logistique trois périodes que nous nommons la logistique « intrafonctionnelle » (1950-1975), la logistique « interfonctionnelle » (1975-1990) et la logistique « ouverte » (1990 à aujourd'hui) — nous avons adapté la périodisation proposée par Colin [1996] : les premiers balbutiements (1950-1960), la phase de démarrage (1970), la phase de croissance (1980-1990) et la phase de maturité (1990-2000), et celle proposée par Akbari Jokar, Frein et Dupont [2002] : logistique séparée (avant 1975), logistique intégrée (après 1975), logistique coopérée (après 1990) ; Shapiro [1993], pour rendre compte de l'évolution de la logistique des entreprises américaines, identifie quatre phases :

phase interne, logistique intégrée, modifications de structures, *supply chain.*

La logistique intrafonctionnelle, est une période où l'on tente de rationaliser les flux au sein de chaque fonction de l'entreprise. La logistique interfonctionnelle se caractérise toujours par une rationalisation des flux, mais celle-ci se réalise aux interfaces entre les fonctions de l'entreprise. Enfin, la logistique ouverte appréhende l'entreprise comme un maillon en relation, en amont et en aval, avec son environnement, mais surtout marque une rupture dans le rapport flux-organisation en tentant de piloter l'organisation à partir d'une modélisation centrée sur les flux, *via* la chaîne logistique : ce que l'on appelle le *supply chain management*, ou le management de la chaîne logistique.

Si l'on devait caractériser ces périodes sous l'angle économique, on distinguerait :

— de 1950 à 1975, une période de croissance économique régulière, une économie de masse, fondée sur des rendements d'échelle où la demande prévisible est largement supérieure à l'offre et où, de fait, toute production est quasiment vendue avant d'avoir été produite. Le cycle de vie des produits est de longue durée, sur un marché largement national ;

— de 1975 à 1990, une période de crise économique et de croissance erratique, où l'offre n'est plus assurée de rencontrer la demande. Les managers doivent réduire les coûts et être attentifs aux besoins des clients : c'est le management de la qualité. La production doit être tirée par la commande ferme du client. Le cycle de vie des produits se raccourcit pendant que le marché s'internationalise. Les managers vivent une véritable révolution culturelle. Si les principes de management fondés sur une coordination hiérarchique centralisée, la verticalité des circuits d'information et la spécialisation de la main-d'œuvre étaient à l'ordre du jour au début des années 1960, ceux-ci sont empreints, dès les années 1980, d'une tendance à la coordination horizontale décentralisée fondée sur l'adaptation et le partage du savoir [Aoki, 1986]. Nous sommes passés en quelques années du modèle *taylorien* de l'entreprise

**Contexte du développement de la logistique d'entreprise**

| Critère de distinction | 1950-1975 | 1975-1990 | 1990-… |
|---|---|---|---|
| Rapport entre la demande et l'offre | La demande est supérieure à l'offre | La demande est égale à l'offre | La demande est inférieure à l'offre |
| Connaissance de la demande | La demande est prévisible | La demande est probable | La demande est incertaine |
| L'acteur privilégié | Le producteur | Le client | L'innovateur |
| Durée du cycle de vie du produit | Long | Moyen | Court |
| Étendue du marché | National | Continental | Mondial |
| Philosophie du management | — Management de la production de masse<br>— Zéro temps d'inoccupation | Management de la qualité<br>— Zéro stock<br>— Zéro défaut | Management de l'innovation<br>— Zéro temps de réponse<br>— Zéro mépris |
| Technologie | Gros système informatique | Micro-informatique et web | EDI, réseau, GPS, logiciel intégré… |
| Logistique | Logistique intrafonctionnelle | Logistique interfonctionnelle | Logistique ouverte |

*Source* : d'après Akbari Jokar, Frein et Dupont [2002].

américaine des années 1960 au modèle *toyotien* de l'entreprise japonaise des années 1980 ;

— à partir des années 1990, l'innovation devient un facteur de plus en plus discriminant dans le positionnement concurrentiel des firmes [CRG, 2002], ouvrant alors la voie à de nouvelles configurations managériales en phase avec une économie de la connaissance [Foray, 2000]. C'est une économie de la variété qui s'affirme (comme l'expriment d'une manière synthétique Hatchuel et Weil [1992], une économie de la variété, cela signifie « pour les produits d'une entreprise la multiplication des genres et la création continue d'espèces nouvelles »), fondée sur une capacité d'innovation et d'adaptation et qui, de fait, va redonner une place primordiale au facteur humain. La demande, incertaine, volatile, ne se cristallise bien souvent qu'au contact du nouveau produit. La durée de vie des produits se réduit dangereusement, alors que le marché se mondialise.

Pour terminer sur ce bref panorama de l'histoire de la logistique, notons quelques éléments en rapport avec les évolutions technologiques. Trois étapes technologiques peuvent être distinguées : la période des « gros » systèmes informatiques des années 1960, l'arrivée de la micro-informatique et l'émergence du web à partir des années 1980 et, depuis 1990, l'EDI (échange de données informatisées), la mise au point de progiciels de gestion intégrés comme les ERP (*entreprise resource planning*), les réseaux informatiques, le GPS (*global position system*)… ces innovations vont jouer un rôle majeur dans le développement de la logistique.

## La logistique intrafonctionnelle (1950-1975)

On identifie au sein de l'entreprise des flux de marchandises et on tente de rationaliser les différentes opérations de transport et de stockage, avec pour objectif de réduire les coûts. Dans un premier temps, ce sont les fonctions « distribution » et « approvisionnement » qui vont être visées. Devant la réussite de ces actions, d'autres fonctions de l'entreprise vont être appréhendées de la même manière, comme la fonction de production.

Jacques Colin [1996, p. 17] évoque un premier stade du développement de la logistique, ce qu'il appelle les premiers balbutiements où les acteurs mobilisent la recherche opérationnelle pour réduire les coûts des opérations comme le transport et le stockage. C'est la période des années 1950-1960. Ce sont les artisans de la logistique militaire de la Seconde Guerre mondiale qui, de retour à la vie civile, vont irriguer l'entreprise de leurs savoir-faire. Des résultats sont obtenus, mais ils sont limités. La raison évoquée est le fait que les élans en matière d'optimisation ont été encadrés par les possibilités budgétaires de l'entreprise qui sont forcément plus limitées que celles des États-nations en situation de conflits armés.

Roy Shapiro [1993, p. 68], professeur à Harvard, parle d'une phase interne de la logistique où le responsable transport va réduire les coûts de transport, le directeur industriel va réduire les stocks, le responsable d'entrepôt va réduire le coût de fonctionnement de son entrepôt. Mais la circulation des flux est étudiée au sein de chaque fonction. Les répercussions de ces actions ne sont pas envisagées pour l'ensemble de l'entreprise.

Aux États-Unis, c'est à partir des années 1970 que les entrepreneurs prennent conscience que cette gestion est inefficace. Cette prise de conscience est accélérée par l'accroissement de la concurrence et la multiplication des produits offerts par le marché, puis les premiers chocs pétroliers et enfin la crise économique. Aux États-Unis, en 1950, les stocks sont à 50 % chez les fabricants et à 50 % chez les distributeurs et les détaillants. Au milieu des années 1970, 90 % des stocks sont chez les fabricants. Il faut réduire les coûts et la démarche logistique est une bonne façon de le faire. Mais la bonne voie consiste à avoir une approche intégrée c'est-à-dire qu'il faut avoir une vision globale de l'entreprise et du degré d'interconnexion entre les différentes fonctions. Mais comment traiter des milliers d'informations pour parvenir à cette idée ? Comment concevoir un système d'information qui permette l'interconnexion de l'ensemble des opérations d'une entreprise de façon à avoir une appréciation juste des effets des actions locales sur la globalité de l'entreprise ? Il va y avoir un obstacle technologique qui est lié au développement de l'informatique — la possibilité de traiter des données — et des télécommunications — la possibilité de transmettre des données.

On peut caractériser cette étape comme la rationalisation des opérations liées aux flux de marchandises, avec pour objectif la réduction des coûts pour un même niveau de service ou de qualité, dans une optique intrafonctionnelle.

## La logistique interfonctionnelle (1975-1990)

Il est possible de distinguer deux étapes : l'émergence de la notion de logistique intégrée et le pilotage par l'aval assorti d'une démarche qualité prônée par Toyota, le « juste à temps ».

*La logistique intégrée*

Les entreprises rassemblent leurs différentes fonctions et tentent de les intégrer dans un même système logistique. C'est ce qu'on appelle la logistique intégrée. On essaye de rationaliser les relations entre les fonctions d'achat, de production et de distribution à partir de la circulation des flux de marchandises. Il y a des possibilités importantes de réduction des coûts derrière cette philosophie de l'entreprise. La croissance se ralentit, la concurrence s'accroît, la crise économique prend place. Il faut réduire les coûts absolument. C'est la période des licenciements économiques, de la restructuration du système productif. Des secteurs de l'activité économique s'effondrent, comme la sidérurgie. Les entreprises doivent aussi différencier leurs produits. Ainsi, une attention à la qualité des produits va se développer. Il faut gérer le compromis entre coût et service (qualité) pour chacune des activités de l'entreprise. L'idée qui était développée chez les managers, selon Roy Shapiro [1993], est que l'on ne pouvait offrir un meilleur service aux clients sans augmenter les coûts. Il existe en effet une relation entre coût et service tel que tout niveau de service supplémentaire se paye en termes de coût. Mais il s'agit alors de déplacer cette courbe par une modification de la structure organisationnelle de l'entreprise à l'aide de nouvelles technologies, de nouvelles procédures de production, de nouvelles techniques de gestion des ressources humaines… C'était l'opposition entre coût et qualité qui était affichée, jusqu'à ce que les Japonais montrent qu'une meilleure qualité peut correspondre à un moindre coût.

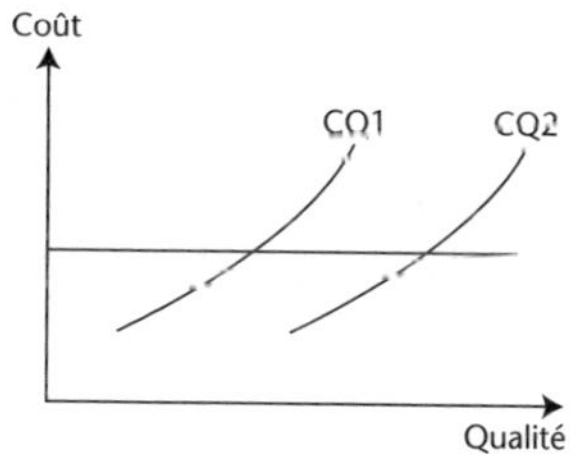

*Le pilotage par l'aval :*
*l'école de Toyota ou l'émergence du juste à temps*

Les premiers effets de la crise économique ont été de diminuer massivement les ventes de certains produits. Le secteur de l'industrie automobile est profondément affecté. Devant l'accroissement des stocks de véhicules invendus sur des parkings, la firme Toyota va réagir par le biais de son directeur technique Taiichi Ohno. Celui-ci va être à l'origine d'une véritable école de pensée en matière de gestion industrielle dite « école de Toyota » ou « toyotisme » [Ohno, 1990] — on ne peut résumer le toyotisme au juste à temps comme le montre l'ouvrage de Koïchi Shimuzu [1999], par ailleurs ce mode de gestion a profondément évolué au cours des années 1990 pour donner lieu à ce que certains ont appelé un « nouveau toyotisme » : une production au plus juste où l'on tente de combiner, d'une façon harmonieuse, une efficience productive et une humanisation du travail. On peut citer aussi des auteurs comme Kaoru Ishikawa [2002], Seiichi Nakajima [1990], Takashi Osada [1993], Shigeo Shingo [1986] qui ont contribué au développement de ce modèle de gestion japonais. Ce dernier va proposer un ensemble de techniques qui va modifier en profondeur le management dans le monde entier : JAT (juste à temps), *kanban*, qualité totale, SMED (*single minute exchange die*), TPM (*total productive maintenance*)...

L'automobile est un produit de grande consommation sujet à des mouvements cycliques de la demande. Cette demande devient plus difficile à cerner. Les marchés se segmentent, tous les consommateurs ne veulent plus la même chose. Il s'agit aussi de produits de valeur dont il est impensable qu'un fabricant puisse conserver des stocks trop importants. Si on ne veut pas accumuler les véhicules, il ne faut pas en produire plus que les consommateurs n'en réclament. Pour résoudre ce problème, il y a deux solutions : améliorer les prévisions des ventes ou ne produire que lorsque la commande est ferme. Jusqu'à présent, on avait choisi la première solution. Mais, comme le dit un proverbe chinois, « la prévision est un art difficile surtout quand elle concerne l'avenir ». Les Japonais décident d'emprunter la deuxième voie. Ainsi va naître le juste à temps en opposition à une logique de production établie sur la prévision et la planification de la production qui prévalait dans les années 1960 et dont la méthode MRP (*materiel requirement planning*) a constitué la référence.

Ceci pour la simple raison que l'on ne peut plus prévoir la demande comme on pouvait le faire encore dans les années 1960. La Ford des années 1930, la 2 CV des années 1950 étaient d'une seule couleur. Tous les produits étaient identiques. Il y avait une demande massive et sur une longue période pour acquérir une voiture, tout simplement. La production de la 2 CV s'est étalée sur pratiquement quarante ans. Face à une demande aussi constante, aussi standard, sur une période aussi longue, on peut mettre en place un système de production rigide, extrêmement planifié, qui va permettre de dégager des économies d'échelle. Aujourd'hui, la durée de vie d'un produit comme une voiture est de cinq ans à sept ans.

En 1998, chez PSA, pour un même modèle de série, 500 000 véhicules différents sont proposés [Colin, 1997, p. 77]. Or, pour l'année 1998, seulement 25 000 types seront demandés. Imaginons que le constructeur ait décidé de produire par avance, simplement à 10 exemplaires chacun, tous les types ; soit à la fin de l'année un parking composé de 4 750 000 véhicules non vendus. Il n'y a plus qu'à espérer que la demande se portera strictement sur ces véhicules l'année suivante, sinon l'entreprise va avoir quelques difficultés de rentabilité ! Comment prévoir les types de véhicule qui vont être demandés ? En 1993, la Clio est proposée avec de multiples choix : climatisation ou non, direction assistée ou pas, 89 références de motorisation, 40 types de boîte de vitesses, 5 types de carrosserie soit 64 000 possibilités. Il faut ajouter à cela les différentes couleurs de carrosserie et de siège proposées : soit plusieurs millions d'offres différentes possibles pour une voiture Clio. Comment prévoir la demande d'un produit présentant autant de configurations différentes ? Devant cette impasse, les Japonais ont proposé de raisonner à l'envers, c'est-à-dire de réfléchir à un mode de production dont le point de départ serait la commande ferme. Pour faire face à cette nouvelle donne, les ingénieurs de Toyota vont inventer une nouvelle philosophie de la production. L'objectif d'une production en « juste à temps » (JAT) est de ne produire qu'à partir d'une commande ferme exprimée par le client. Ceci suppose que le produit puisse être fabriqué dans un délai acceptable pour ce client. Il faut donc concevoir une organisation réactive et fiable. Cette organisation suppose l'autonomisation des équipements (la machine s'arrête immédiatement et toute seule lors d'une « anomalie ») et le JAT [Shimizu, 1999], c'est-à-dire un flux continu de production tirée par la demande. Pour parvenir à ces fins, en 1949, Taiichi Ohno adopte le système du supermarché pour l'approvisionnement : « Le client (poste de travail aval) va chercher des marchandises (pièces) au rayon (poste de travail amont) et il suffit pour le rayon de remplacer (produire) les marchandises vendues (pièces retirées). Des *kanban* (fiches de papier indiquant le nombre de pièces à produire ou à livrer) sont intégrés en 1953 » [Shimizu, 1999]. Le système *kanban* (encadré 5) doit permettre de gérer un atelier de production selon cette philosophie du JAT : le principe est qu'un atelier A ne produit que ce qui lui est demandé par un atelier B, situé en aval. C'est un mode de gestion visuelle de la production qui permet à chaque opérateur de réaliser la synchronisation des flux physiques et des flux d'information [Gélinas et Desaulniers, 1998].

Selon Dallery et Vericourt [1999, p. 57], il existe trois méthodes de pilotage de système de production à flux tirés : le pilotage à stock nominal, le pilotage *kanban* et le pilotage *kanban* étendu qui combine les deux méthodes précédentes.

Ce type de production JAT suppose l'introduction d'une démarche qualité au sein de l'ensemble de l'organisation. En effet, les pièces doivent avoir « zéro défaut », les processus de production doivent être « bons du premier coup » pour assurer la continuité de la production. Une pièce qui n'arrive pas dans les délais, une pièce défectueuse bloquent toute la production. Par ailleurs, une accélération de la circulation de l'information

## Encadré 5. Le principe du *kanban*

On peut résumer le principe du *kanban* de la manière suivante [Vallin, 2001, p. 67]. Entre un poste de production — poste amont — et un poste consommateur — poste aval —, les pièces sont déposées dans des conteneurs. Chaque conteneur plein est muni d'une étiquette : un *kanban*. Cette étiquette précise le numéro de la pièce, l'origine de la pièce, la capacité du conteneur. Elle est considérée comme un ordre de fabrication : chaque fois que le poste aval utilise un conteneur, il renvoie l'étiquette au poste amont où, placée sur un tableau, elle prend la file d'attente des ordres de fabrication. L'étiquette en attente sur le tableau déclenche le remplissage d'un conteneur vide et est accrochée sur le conteneur par le poste amont. C'est le principe du déclenchement de la fabrication par la demande, d'où la terminologie de flux tirés ou de pilotage par l'aval. Si la demande en aval s'interrompt, c'est-à-dire qu'aucune étiquette ne revient au poste amont, la production s'arrête faute d'ordre de fabrication. Si au contraire la production s'accélère, les étiquettes reviennent rapidement, la file d'attente sur le tableau s'allonge, le poste producteur doit réagir et augmenter sa cadence. Le système ne supprime pas complètement les stocks, il faut au moins un conteneur plein à disposition du poste consommateur pour qu'il n'y ait pas de rupture dans la production. Mais les stocks sont réduits à l'essentiel.

Il faut décider du stock-tampon nécessaire à chaque poste, du nombre de *kanban* à mettre en circulation, du nombre de pièces par container*. Cet exemple très simple peut se compliquer : s'il y a plusieurs postes de production qui doivent alimenter le même poste de consommateur ; si chaque poste de production peut produire des pièces différentes qui vont demander des changements d'outils de fabrication. Des techniques vont être mises au point pour essayer de réduire les temps de changement d'outillage : SMED (*single minute exchange die*), « changer l'outil en un temps exprimable en minutes avec un seul chiffre ». Le but ultime étant le système OTED (*one touch exchange die*) : « changer de fabrication en appuyant sur un bouton ».

* Il existe des méthodes de calcul qui permettent de déterminer ces différents éléments [Pimor, 2001, p. 292-298].

entre les différents opérateurs est nécessaire : les commandes doivent être faites en temps réel des besoins.

En mettant en place la logistique intégrée et le pilotage par l'aval, les entreprises font des gains en matière de réduction des coûts et d'augmentation du niveau de service. Une étude du cabinet A.T. Kearney [Tassel, 1993], spécialiste de la logistique dans le monde, montre qu'en Europe, entre 1987 et 1992, les coûts logistiques ont été réduits de 14,3 % (gestion des stocks, administration et informatique, entreposage, transport) et, dans le même temps, la qualité de service a progressé de 31 % (respect du délai de livraison, conformité de la facturation, livraison sans dommage). On peut caractériser cette étape du développement de la logistique comme une rationalisation des opérations liées aux flux de marchandises, avec pour objectifs la réduction des coûts et l'amélioration du niveau de service ou de qualité des produits, dans une optique interfonctionnelle et de flux tirés par la demande. Mais la concurrence est de plus en plus vive entre les firmes et la demande de plus en plus segmentée et volatile : la logistique va devenir une arme concurrentielle. L'entreprise va être obligée de se positionner au sein d'une chaîne logistique dont elle constitue l'un des maillons : c'est le *supply chain management*.

### La logistique ouverte, ou *supply chain management* (management de la chaîne logistique) (1990)

Troisième étape du développement de la logistique d'entreprise, la logistique « ouverte » signifie que l'on va s'intéresser, avant toute chose, aux relations qu'entretient l'entreprise avec son environnement. On considère l'entreprise comme un système ouvert sur son environnement. C'est la période des années 1990 : la concurrence s'accroît *via* la mondialisation, dans le même temps, la croissance est incertaine, comme la demande, l'attention au client devient une obligation, mais surtout, la réduction du cycle de vie des produits oblige l'entreprise à innover en permanence. L'innovateur va devenir un personnage central dans le fonctionnement des organisations. Il faut s'adapter rapidement à un environnement changeant et incertain. Il faut modifier la structure de l'entreprise, modifier la place de la logistique dans la stratégie de l'entreprise. Il s'agit d'utiliser la logistique comme une arme concurrentielle. Les entreprises pour faire face à l'évolution de leur courbe coût/qualité vont développer l'idée d'une chaîne logistique c'est-à-dire concevoir l'entreprise comme un maillon, en relation permanente avec des acteurs en amont et en aval de l'entreprise.

*Définition et principes de fonctionnement de la chaîne logistique*

**Définition.** — Cette notion de chaîne logistique ou de *supply chain* est une révolution dans les pratiques de management de l'entreprise. Elle correspond aux défis que doit relever l'entreprise aujourd'hui. Les entreprises *leader* sur leurs marchés sont celles qui ont mis en place un management de leur chaîne logistique. Selon une enquête réalisée en 2002 [Eymery, 2003], 90 % des dirigeants de grandes entreprises mondiales pensent que la *supply chain* est critique ou très importante pour la réussite de leur entreprise. Yves Pimor [2001] parle d'un nouveau paradigme en matière de management, c'est-à-dire une nouvelle manière d'aborder les problèmes qui marque une réelle rupture par rapport aux approches antérieures. Ce management implique de coordonner les fonctions à l'intérieur de l'entreprise, mais surtout de coordonner l'ensemble des acteurs — des entreprises, des particuliers — dans la même filière, en aval et en amont. On définit simplement la *supply chain* ou la chaîne logistique comme « la suite des étapes de production et de distribution d'un produit depuis les fournisseurs des fournisseurs du producteur jusqu'aux clients de ses clients » (*supply chain council*). L'image la plus habituelle que l'on donne du *supply chain* est celle d'une chaîne au sens physique du terme [Pimor, 2001].

Une *supply chain* est donc la chaîne de toutes les opérations réalisées par des entreprises qui contribuent à apporter un produit à des consommateurs ; on parle alors de *business to consumers : B to C, B2C* ; à des entreprises utilisatrices pour produire d'autres biens ou les consommer, on parle alors de *business to business : B to B, B2B*.

**La chaîne logistique**

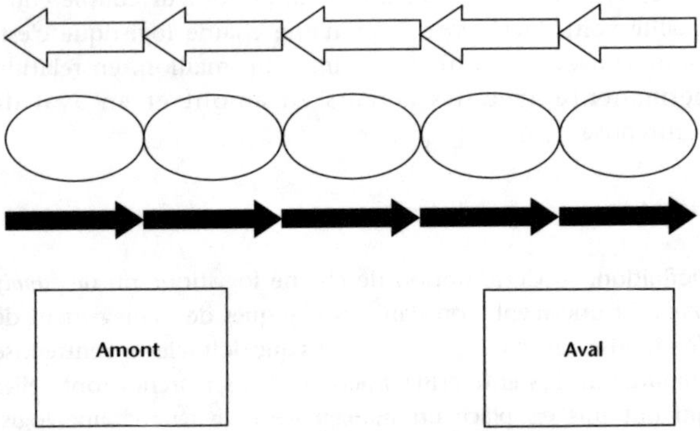


*Légende* : en noir, les flux de produits et, en blanc, les flux d'information. Les flux de produits vont de l'amont à l'aval. Les flux d'information de l'aval à l'amont.

**Les principes d'organisation de la chaîne logistique.** — Le *supply chain management* est un nouveau mode de gestion en pleine évolution et qui n'est pas encore stabilisé. Par ailleurs, l'émergence d'une économie de la connaissance au sens de Foray [2000] modifie profondément les règles du jeu des organisations au XXIe siècle en mettant en avant l'innovation d'une manière permanente et généralisée : la chaîne logistique va devoir devenir « apprenante », « agile », « éphémère », ce qui va largement déterminer à l'avenir son mode de pilotage. Comme le montrent Morana et Paché [2000], il y a encore un travail à entreprendre pour construire des outils effectifs de pilotage de la *supply chain*, mais il est possible de dégager six thématiques essentielles à l'organisation de cette chaîne logistique.

1) La *mise en œuvre d'un système d'information* : vers la traçabilité totale. La gestion de l'ensemble des informations, de leur circulation, de leur stockage et de leur traitement est la clé de la *supply chain*. Le développement de la chaîne logistique est

conditionné par les possibilités du système d'information et donc par les développements de l'informatique et des télécommunications. Il est possible de distinguer deux types de système d'information : celui qui va traiter les informations d'une entreprise et celui qui va traiter les informations de l'ensemble des entreprises de la chaîne logistique.

2) *« Solidarité » fonctionnelle et performance de la chaîne logistique* : on dit que la résistance d'une chaîne est celle de son maillon le plus faible. Ce principe se vérifie pour la chaîne logistique. Imaginons une entreprise qui fabrique des ordinateurs. Si l'une des entreprises qui fournit les composants est défaillante, les pannes qui vont être détectées en aval de la chaîne logistique par le consommateur vont nuire à l'image de marque de l'ensemble de l'ordinateur. Si le service après-vente est défaillant, alors les consommateurs vont se détourner complètement de ce produit. C'est la totalité de cette chaîne logistique qui est affectée par un seul maillon défaillant.

3) La *vitesse de circulation des produits et des informations comme critère de performance* : cette notion de vitesse de circulation des produits est importante dans une organisation du type juste à temps. À partir du moment où il devient impossible de prévoir la demande d'un produit, il faut enclencher la production à partir d'une commande ferme. Ceci est possible uniquement si le délai de fabrication du produit est acceptable par le client. Ce délai de fabrication est conditionné par la vitesse de circulation des produits tout le long de la chaîne logistique qui est elle-même conditionnée par la vitesse de la circulation des informations.

4) L'*effet Forester* (ou théorème fondamental de la *supply chain* d'après Pimor [2001]) désigne le principe qui veut que plus on s'éloigne du consommateur final (vers l'amont), plus la variabilité des commandes s'amplifie. Cela signifie qu'une petite modification de la demande finale — du client — provoque de grosses modifications chez le fournisseur du fournisseur.

5) La *logique globale d'organisation : flux tirés et/ou flux poussés*. Nous sommes ici en présence de deux logiques

**Courbe en forme de fouet**

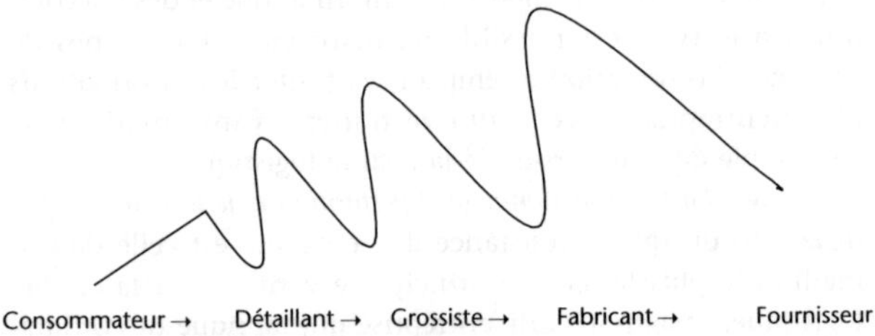


différentes relatives à l'organisation d'une chaîne logistique. Dans une logique de « flux poussés », on organise les opérations de l'amont vers l'aval. Dans une logique de « flux tirés », on pense le déclenchement des actions de l'aval vers l'amont.

La règle qui prévaut est de pousser les flux que l'on peut prévoir et de tirer les flux qui ne peuvent l'être. Ces deux logiques expriment la manière dont la fonction « production » a été pensée entre 1950 et 1980, puis après 1980 jusqu'à aujourd'hui. Une simple consultation des manuels de gestion de la production à ces différentes périodes est illustrative de ces deux manières d'aborder les problèmes. On a poussé les flux entre 1950 et 1980, aujourd'hui on les tire. Prenons un exemple simple. Imaginez que vous devez organiser un voyage en avion entre Paris et Pond Inlet en Terre de Baffin, à une date fixée. La question qui se pose est de savoir si vous allez réfléchir au déroulement de ce voyage dans le sens Paris-Pond Inlet ou au contraire Pond Inlet-Paris. Si vous connaissez cet itinéraire parce que vous l'avez déjà parcouru ou bien que vous avez voyagé à proximité, ou encore si vous connaissez des amis qui sont partis là-bas l'année précédente et qu'il n'y a pas eu de modifications depuis, la règle qui prévaut est d'organiser le voyage de Paris à Pond Inlet. Dans le cas inverse, il vaut mieux réfléchir à partir d'une arrivée à Pond Inlet et de remonter étape par étape jusqu'à Paris, selon une logique de flux tirés. Vu votre méconnaissance des conditions de vol à cet endroit, vous avez bien fait de mobiliser une logique de « flux tirés » : vous savez maintenant que les colis de plus de 180 cm de long ne pourront être déchargés de l'avion à Pond Inlet et qu'en fonction du mauvais temps, les vols peuvent être suspendus le jour même ; comme il n'y a que deux avions par semaine, vous pouvez avoir trois jours de retard à l'aller et trois jours de retard au retour. Des informations précieuses quant à l'organisation de votre voyage au départ de Paris ! Si vous essayez d'observer votre raisonnement lorsque vous préparez un voyage, vous allez prendre conscience que vous mobilisez ces deux logiques sur des segments différents de votre itinéraire. C'est ce qui se passe dans le monde de l'entreprise, on mobilise finalement ces deux logiques en fonction du niveau d'incertitude de l'environnement. Ainsi, classiquement, les gestionnaires de production automobile divisent en deux, d'une manière séquentielle, leurs lignes de montage. Prenons l'exemple d'une ligne de montage de moteur. La première partie est organisée selon une logique de flux poussés, parce qu'on produit dans cette usine entre 100 à 200 moteurs par jour ayant toujours la même « base » mécanique et électronique (il a été possible d'anticiper un nombre « moyen » de moteurs à produire chaque jour, mais en revanche il a été impossible de prévoir lesquels). Ce n'est que sur la deuxième partie de la ligne de montage que l'on va travailler en flux tirés, c'est-à-dire par rapport à une commande ferme, ce qui va permettre d'obtenir à la sortie un moteur complètement dédié à un client identifié. Pour un approfondissement de ces notions, nous renvoyons le lecteur au chapitre II de l'ouvrage *La Logistique, enjeux stratégiques* de Gilles Paché et Thierry Sauvage [2004].

6) La *nature des relations entre les partenaires de la chaîne logistique* : vers la coopération. Il y a une convergence de travaux pour exprimer que la nature de la relation entre les acteurs (les entreprises) qui doit prévaloir dans une chaîne logistique est de type « coopérative ». Il existe toute une littérature sur la notion de coopération en économie et en gestion à laquelle nous renvoyons le lecteur [Paché, 2002 ; Dulbecco, 2002]. Pour

aller à l'essentiel, nous proposons de revenir à une distinction classique proposée par Kenneth Boulding et reprise par Leroy [1990]. L'intérêt de cette distinction est d'aller à la racine de ces différentes relations pour les positionner les unes par rapport aux autres. Il est possible de distinguer trois formes de relations entre des acteurs (des entreprises) : des relations de marché, des relations de pouvoir et des relations de coopération[1]. La relation marchande peut s'exprimer de la manière suivante : « Si tu me donnes ceci, je te donne cela, sinon je m'en vais. » La relation de pouvoir peut se réduire à la proposition : « Si tu ne fais pas cela, il va y avoir des conséquences négatives pour toi. » La relation de coopération peut être présentée comme une situation où deux agents acceptent de penser « nous » plutôt que systématiquement « je », sur une période donnée. Intuitivement, on comprend bien que si les rapports entre les acteurs d'une même chaîne logistique sont des relations strictes d'affaires, des relations de marché, et que tous les ans tous les contrats sont renégociés avec un appel d'offres privilégiant le plus faible coût, les acteurs de cette même chaîne logistique d'une part vont être très variables, d'autre part ne vont pas être enclins les uns envers les autres à faire preuve de « largesse » par rapport aux clauses du contrat. Inversement, si des relations de confiance de longue durée s'établissent entre les différents partenaires, il sera possible d'aborder collectivement des problèmes survenus individuellement aux uns et aux autres, manifestant ainsi une certaine solidarité, non plus fonctionnelle mais sociale. Plus scientifiquement, l'économiste Williamson développe, dans sa théorie des coûts de transaction, les différents mécanismes de coordination économique possibles entre des agents. Il montre qu'en fonction du contexte, de la spécificité des biens ou des

1. La distinction proposée par Robert Leroy [1990] est plus fine que cela puisque d'une part, il propose une topologie sociale et non une simple typologie, et, d'autre part, il situe la relation coopérative entre le pôle de l'échange pur au sens de Walras et le pôle de la communion au sens de Tristan et Iseut. Pour des raisons didactiques, nous avons nommé coopération ce que Leroy qualifie de communion.

---

**Encadré 6. Piloter une chaîne logistique : une question de management !**

Le pilotage de la chaîne logistique est devenu aujourd'hui en quelque sorte un passage obligé en matière de stratégie d'entreprise au point que certains en font un nouveau paradigme en matière de gestion [Pimor, 2001] pour marquer la rupture avec d'autres formes de management. Implicitement, on combine cette chaîne logistique à la chaîne de valeur de Porter, avec l'idée que chaque maillon de cette chaîne que l'on peut plus ou moins distinguer dans le détail des opérations est orienté vers la stratégie de l'entreprise. Quel que soit le niveau technique de cette chaîne — les Américains parlent de management des opérations —, il s'agit de « manager » cette chaîne logistique. Thiétart *et al.* [1999, p. 1] nous rappellent que « le management concerne moins les procédures qu'il faut appliquer, qu'elles soient comptables, juridiques ou sociales, que l'animation de groupes d'hommes et de femmes qui doivent travailler ensemble dans le but d'une action collective finalisée ». Baglin *et al.*, dans l'introduction à leur ouvrage *Management industriel et logistique* [2001, p. 5], déclarent : « À l'origine, le management industriel intéressait surtout les ingénieurs, chargés de concevoir les systèmes de production. Et pendant longtemps la bonne gestion apparaissait comme le cheminement analogue à celui qui permet d'améliorer le fonctionnement d'une machine. Les idées ont évolué. Les industriels ont compris que la performance du système opérationnel ne reposait que très partiellement sur l'automatisation, l'informatisation ou les techniques d'optimisation et qu'elle dépendait surtout d'une bonne intégration des décisions industrielles et logistiques à la stratégie de l'ensemble de l'entreprise. »

services échangés, et de la fréquence des transactions, il est plus ou moins efficient pour des agents d'avoir des relations marchandes, ou verticales (de pouvoir), ou encore de coopération. Si l'environnement est incertain, si les biens ou les services échangés ont un caractère spécifique, si les transactions sont peu fréquentes, alors le mode de coordination efficient est plutôt la coopération.

En conclusion, nous devons évoquer le fait que cette chaîne logistique n'a pas généralement de statut juridique propre, puisqu'elle regroupe plusieurs entités distinctes : elle est un arrangement organisationnel plus ou moins « provisoire », avant tout sur le plan fonctionnel. Trois problèmes vont se manifester d'une manière cruciale dans les années à venir quand au pilotage de cette chaîne (encadré 6). Nous ne ferons ici qu'évoquer ces problèmes :

1) la question de la cohérence, c'est-à-dire les conditions qui vont permettre de dégager des synergies au niveau de l'ensemble de la chaîne ;

2) la question de la fiabilité de la chaîne logistique, c'est-à-dire la capacité à assurer un niveau de performance donné, pendant un temps donné et ce quels que soient les événements ;

3) la question de l'apprenance organisationnelle, c'est-à-dire la capacité à inventer des solutions organisationnelles nouvelles et à les mettre en œuvre rapidement, qui va reposer sur ce qu'on appelle l'agilité organisationnelle.

### *De la chaîne logistique statique à la chaîne logistique dynamique*

On s'est contenté, dans un premier temps, d'une conception statique de la chaîne logistique. Il fallait à un moment donné décrire les modes de coordination entre les différentes opérations que réalisait l'ensemble des partenaires d'une même chaîne logistique. Pour rendre compte de la performance de cette chaîne logistique statique, trois indicateurs ont été retenus : les délais, le coût et la qualité du service. Les entreprises ont focalisé leurs efforts sur la réduction des délais, des coûts logistiques et sur l'amélioration de la qualité, mais ces tendances, certes nécessaires, n'ont pas été longtemps suffisantes. Il est apparu, à partir des années 1990, selon Xavier Mesnard et Hans-Christian Pfohl [1999], d'une part que les améliorations sont plus difficiles à obtenir, d'autre part que ces mesures statiques de la performance d'une *supply chain* ne constituent pas un avantage compétitif durable. En effet, cette chaîne logistique une fois constituée en un instant « t1 » pour un environnement donné E1, risque de devenir moins compétitive à un instant donné « t2 » pour un autre environnement E2. L'environnement change. Les entreprises doivent s'adapter à l'évolution de l'environnement de façon à conserver leurs avantages concurrentiels. Ainsi, rapidement, à une conception statique de la chaîne logistique est venue se substituer une conception de la chaîne dynamique. Les nouveaux critères de performance de la chaîne logistique dynamique — réactivité, agilité, efficience et intelligence [Mesnard et Pfohl, 1999] — doivent s'ajouter aux critères traditionnels de performance de la chaîne statique.

**La performance de la chaîne logistique statique.** — Les entreprises, pour faciliter l'arbitrage coût/service, ont mis en place un suivi de leurs performances en termes de service rendu. Un ratio synthétique a été construit pour rendre compte de cette notion de service rendu [Paché et Sauvage, 2004, p. 18]. Ce ratio compare les commandes livrées (pour les chargeurs industriels) ou réceptionnées (pour les chargeurs commerciaux) complètes, à temps et sans litige d'aucune sorte, au nombre total de commande :

$$\frac{\text{Commandes livrées/réceptionnées complètes, à temps et sans litige} \times 100}{\text{Nombre total de commandes}}$$

À titre indicatif, une étude du BIPE (Bureau international de prospective économique), dans les années 1990, avait identifié le niveau de service rendu par secteur d'activité économique : 79 % pour les biens d'équipement, 82 % pour les biens de consommation, 84 % pour la construction automobile, 87 % pour l'industrie agroalimentaire, 89 % pour la grande distribution.

Mais comment parvenir à améliorer la performance logistique ? Par l'excellence logistique. Le cabinet de consultants international A.T. Kearney spécialisé en logistique réalise régulièrement des études sur les entreprises leaders sur leurs marchés de façon à identifier les composants de l'excellence logistique. L'étude réalisée en 1992 faisait apparaître les huit facteurs de l'excellence logistique :

— l'établissement de liens solides avec le client fondés sur la compréhension des besoins mutuels ;
— la mise en œuvre d'un puissant partenariat fournisseur ;
— l'existence d'une planification logistique à long terme ;
— l'intégration des différentes fonctions de l'entreprise dans le processus de planification ;
— la mise en place de programmes d'amélioration continue de la qualité ;
— l'implication et la mobilisation du personnel dans ces processus ;
— l'utilisation de systèmes d'information comme aide à la coordination intra- et interorganisationnelle ;
— le recours actif à des indicateurs de performances au niveau des coûts et de la qualité de service.

4 % des entreprises en Europe en 1992 sont dans le groupe de l'excellence logistique. Les faiblesses des entreprises européennes apparaissent dans les registres suivants : partenariat client, mobilisation du personnel et planification logistique à long terme. Mais cette excellence logistique va être rapidement dépassée au vu de l'évolution d'un contexte économique qui devient encore plus volatile et imprévisible.

**La performance de la chaîne logistique dynamique.** — Pour être performant dans des environnements changeants, il faut être capable de reconfigurer et d'inventer d'une manière quasi permanente de nouvelles chaînes logistiques. Ce qui devient discriminant dans la performance d'une chaîne logistique, ce n'est pas d'atteindre tel niveau de service, mais d'identifier l'évolution des attentes des clients et de pouvoir mettre en œuvre une reconfiguration organisationnelle à même de leur répondre, dans un temps donné, à un coût acceptable et sans gaspillage. Les qualités d'une chaîne logistique vont être : la réactivité, l'agilité, l'efficience et l'intelligence.

Xavier Mesnard et Hans-Christian Pfhol [1999] proposent de décliner ces différents indicateurs de la manière suivante : la réactivité est la vitesse à laquelle le système répond à l'évolution du marché, l'agilité est la capacité du système à adapter sa

**Les nouveaux critères de performance des *leaders* de la *supply chain***

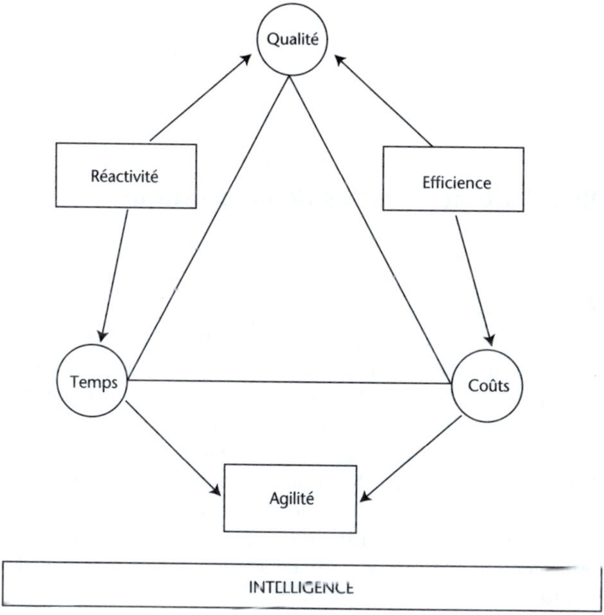


*Source* : Mesnard et Pfhol [1999].

structure de coûts et de services à une nouvelle donne, l'efficience est l'élimination systématique de toute forme de gaspillage et enfin l'intelligence est l'exploitation maximale de toutes les informations.

Au cours de cette histoire du développement de la logistique d'entreprise, un certain nombre d'outils sont apparus, comme le juste à temps, le *kanban*, la qualité totale... Nous proposons dans le chapitre suivant de revenir sur cette question des outils de la logistique.

## III / La boîte à outils de la logistique

Cette question des outils est d'importance car la logistique a une dimension essentiellement pratique : sa finalité est l'action à mettre en œuvre, ici et maintenant, dans toute son effectivité. Il n'y a pas de pratique sans « outil ». Paradoxalement, cette question des outils de la logistique, et surtout de leur statut, n'a fait l'objet d'une attention particulière sur le plan de la recherche alors que dans le même temps s'élaborait une réflexion générale sur les outils de gestion (il faut tout de même préciser que la thématique des outils de gestion est relativement marginale dans les recherches en sciences de gestion, et ce n'est que récemment que celle-ci s'affiche dans les agendas des recherches dans cette discipline). Mais qu'est-ce qu'un outil de gestion ? On doit un investissement particulier en France sur cette thématique, depuis les années 1970, au Centre de gestion scientifique de l'École des mines de Paris [Hatchuel et Weil, 1992 ; David, 1996 ; Moisdon, 1997] ainsi qu'au Centre de recherche en gestion de l'École polytechnique de Paris [Berry, 1983 ; Girin, 1995]. Le problème de la conception et surtout de l'appropriation des outils de gestion est une question vive en sciences de gestion comme l'a montré le colloque organisé par le laboratoire Préactis de Saint-Étienne, en 2005 [Grimand, 2006]. La logistique n'est pas une procédure codifiée, systématique, référencée qu'il suffirait d'appliquer, mais plutôt une manière d'appréhender l'organisation dans un but d'intervention, qui repose sur une certaine philosophie de l'organisation. Pourtant, le logisticien a une « boîte à outils » : celle-ci est vaste car emprunteuse, relativement désordonnée. En effet, le logisticien est toujours à la recherche de la meilleure pratique, de l'outil le plus « performant ». C'est un adepte des nouvelles technologies. Il pratique une veille systématique sur le nouveau système de traçabilité des produits, sur le progiciel pour gérer l'entrepôt, sur l'usage du GPS pour gérer les flux des camions et leur chargement en temps réel, mais aussi sur le bricolage simple réalisé par un service d'une entreprise inventive pour obtenir un niveau de performance surprenant. La presse spécialisée, l'appareil de formation, les manuels, les divers congrès et colloques jouent un rôle important dans la diffusion de ces pratiques. Le logisticien n'hésite pas à s'emparer de recettes à l'écart de son domaine de référence pour les tester dans sa pratique quotidienne. Il réalise ainsi de nombreux transferts de technologie. De fait, les outils utilisés sont bricolés, adaptés, transformés, modifiés, combinés à d'autres… La seule sanction valable restant celle du terrain, celle de l'épreuve du réel.

De plus, ces outils peuvent se situer sur des segments très différents de la chaîne logistique : logistique d'approvisionnement, logistique de production, logistique de distribution… Ils peuvent aussi se positionner à des niveaux différents en fonction de l'échéance temporelle attendue des opérations : stratégique (deux à trois ans), tactique (six mois) et opérationnelle (la journée ou la semaine). Enfin, ils peuvent se positionner au niveau des flux physiques sur l'ensemble de la chaîne logistique ou au niveau des flux d'information qui pilotent ces flux physiques. Ces multiples outils ont aussi des histoires différentes : certains proviennent d'une innovation engagée il y a vingt ans, par une entreprise japonaise ayant révolutionné la pensée industrielle, d'autres proviennent du corpus des sciences de l'ingénieur, comme la théorie des graphes, ou de celui des sciences de gestion, comme la chaîne de valeur de Porter… Pour un aperçu des différentes techniques existant sur les différents segments de la chaîne logistique, nous renvoyons à l'ouvrage d'Yves Pimor [2001]. Pour une mise en perspective des différentes opérations logistiques en fonction de leurs échéances temporelles, nous conseillons le livre de Philippe Valin [2001]. Enfin, pour une approche stratégique à caractère transversal de la logistique du point de vue de chercheurs en sciences de gestion, le lecteur pourra se référer à l'ouvrage collectif *Management logistique : une approche transversale* [Aurifeille *et al.*, 1997].

Dans le cadre de cet ouvrage, nous avons pris le parti de présenter une palette d'outils dans toute sa variété, relativement à leurs origines (pratique, science de l'ingénieur, sciences de gestion) et à leurs usages. On retiendra ici qu'un outil de gestion est *a minima*, comme le proposent Xavier de Vaujany et Amaury Grimand [2006], à la suite de Moisdon, un moyen matériel et/ou conceptuel qui permet de mettre en relation des variables dans une organisation, et qui peut faire l'objet d'un usage dans le pilotage de cette organisation. On acceptera que l'outil de gestion ne puisse être appréhendé uniquement dans sa composante technique, c'est-à-dire instrumentale ou artefactuelle, qui relèverait d'une ingénierie pure au sens de Hatchuel et Weil [1992], et qu'il faut le décliner plutôt comme une forme de couplage entre un artefact et un usage, comme une unité à double texture combinant une dimension artefactuelle et une dimension sociale. Aussi nous accorderons une attention particulière à l'histoire de ces outils, au contexte de leur naissance et de leur développement, ainsi qu'à leurs usages.

## AMDEC (analyse des modes de défaillance, de leurs effets et de leurs criticités)

Technique de maintenance largement utilisée aujourd'hui dans les secteurs les plus divers (aéronautique, chimie, nucléaire, industrie automobile...) dont l'objet est d'améliorer la fiabilité d'un système. Cet outil est issu d'une démarche générale de soutien logistique intégré mise en œuvre par la

NASA dans le cadre des programmes de l'aérospatiale dans les années 1960.

Selon Hugues Molet, enseignant-chercheur à l'École des mines de Paris, il s'agit d'une « méthode d'analyse collective utilisable pour gérer ou pour anticiper les dysfonctionnements d'un système industriel, d'une machine ou même d'un produit lors de sa conception ». On en distingue classiquement trois types : l'AMDEC produit, machine ou processus. D'une manière générale, cette méthode se propose d'identifier l'ensemble des défaillances d'un système sous deux angles différents : d'une part, la fréquence d'apparition de ces défaillances et, d'autre part, leurs conséquences sur le système considéré. Il est alors possible d'établir un tableau permettant de classer les problèmes identifiés en fonction de leur fréquence et de leur gravité. On se concentrera alors sur les problèmes qui se produisent à une grande fréquence et qui apparaissent comme les plus critiques.

## Analyse ABC, ou classement de Pareto, ou loi des 20/80

Ce procédé utilisé habituellement en gestion des stocks sert à déterminer un classement des produits selon un critère donné, comme l'importance de leurs mouvements ou de leurs valeurs. La loi de Pareto, loi empirique non démontrée, indique qu'il est souvent possible de distinguer dans un stock de produits, un classement en trois parts A, B, C, sachant que les produits classés en A suivent la loi des 20/80. Par exemple, 20 % des articles font l'objet de 80 % des mouvements ou correspondent à 80 % du chiffre d'affaires. De fait, ces articles feront l'objet d'une attention toute particulière dans l'organisation du fonctionnement de l'entrepôt. Par exemple, ils seront disposés de façon à être les plus accessibles et/ou leurs mouvements seront sécurisés. À chaque utilisation, il faut vérifier si le lot de produits étudié suit bien cette loi. Par exemple, si l'on retient le critère des mouvements des produits, on pourrait avoir obtenu après calcul : les articles A représentent 20 % des articles et 80 % des mouvements ; les articles B représentent, respectivement, 30 % et 15 %, et les articles C, 50 % et 5 %. À partir de ces données, il est possible d'envisager d'organiser l'entrepôt en privilégiant l'accessibilité des produits A. Cette technique est issue des travaux statistiques de l'économiste italien Vilfredo Pareto (1848-1923) qui, en étudiant la distribution des revenus sur une population dans différents pays, a montré qu'une même règle semblait s'appliquer : 20 % de la population possèdent 80 % des revenus. Cette règle s'est trouvée validée sur d'autres phénomènes comme la répartition de la population d'un pays entre des villes (20 % des villes d'un même pays représentent 80 % de la population...), avant qu'elle soit généralisée sous la forme d'une loi de distribution des grands nombres utilisée largement en matière de management de la qualité : 80 % des réclamations d'un service après-vente sont le fait de 20 % des clients, 20 % des clients rapportent 80 % du chiffre d'affaires de l'entreprise.

### *Benchmarking*

C'est la pratique systématique d'études comparatives en termes de coût, de délais, de qualité... entre des organisations équivalentes dans le but d'identifier une meilleure pratique. On peut traduire *benchmarking* par « étalonnage concurrentiel ». Le mot *benchmark* est emprunté au vocabulaire des géomètres américains qui l'utilisent pour désigner un repère marquant une position, et employé par la suite comme point de référence qui peut devenir une norme d'après laquelle quelque chose peut être mesuré ou évalué. On parle dans le domaine de l'économie et du commerce d'un *bench mark price,* c'est-à-dire d'un prix de référence. C'est la société Xerox qui est à l'origine de cette méthode au début des années 1980 pour une prise de décision concernant un investissement lourd destiné à moderniser la gestion des stocks. Xerox s'est intéressée alors aux « meilleures pratiques de la concurrence », mais également aux pratiques dans d'autres secteurs d'activité sur le sujet étudié. La comparaison s'est finalement faite avec une firme de vente d'articles de sport par correspondance qui excellait dans la gestion des commandes. La méthode employée a été formalisée par Robert C. Camp [1992] au sein de la division logistique de Xerox Corporation. Il définit le *benchmarking* comme « la recherche des méthodes les plus performantes pour une activité donnée, permettant de s'assurer d'une supériorité donnée ». D'une manière plus extensive, David T. Kearns, chef de la direction de cette entreprise à l'époque, le définira comme « un processus continu et systématique d'évaluation des produits, des services et des méthodes par rapport à ceux des concurrents les plus sérieux et des entreprises reconnues comme leaders ou chef de file ». C'est une technique qui est aussi classiquement utilisée, en interne, dans les grands groupes. On crée un groupe de travail chargé de mettre en place une étude de *benchmarking* sur des ateliers similaires produisant les mêmes articles. À partir d'un système de référence construit par le groupe, chaque atelier va faire l'objet d'une évaluation. Au terme de l'étude, il s'agit d'identifier les meilleures pratiques qui seront alors diffusées à l'ensemble des ateliers de production pour être mises en œuvre.

## Chaîne de valeur

Le concept de chaîne de valeur a été introduit par Michael Porter, professeur de gestion à la Harvard Business School, dans son ouvrage *L'Avantage concurrentiel* [Porter, 1986]. La chaîne de valeur se propose de modéliser l'activité d'une entreprise à partir de séquences d'opérations élémentaires permettant d'identifier les sources d'avantages concurrentiels potentiels. Comme le rappelle Philippe Zarifian [2002], on doit à Michael Porter une définition explicite de la valeur, une valeur-client orientée vers la stratégie : « L'avantage concurrentiel procède essentiellement de la valeur qu'une firme peut créer pour ses clients en sus des coûts supportés par la firme pour la créer. La valeur est ce que les clients sont prêts à payer, et une valeur supérieure s'obtient, soit en pratiquant des prix inférieurs à ceux des concurrents pour des avantages équivalents, soit en fournissant des avantages uniques qui font plus que compenser un prix plus élevé » [Porter, 1986]. On peut ainsi concevoir toute entreprise comme un ensemble d'activités destinées à concevoir, fabriquer, commercialiser, distribuer, soutenir un produit et formant ainsi une chaîne de valeur. Il faudra alors identifier les activités créatrices de valeur pour élaborer la stratégie de l'entreprise ; en schématisant : domination par les coûts ou différenciation par la qualité du produit [Porter, 1997]. La performance de cette chaîne pourra être améliorée soit en renforçant chaque maillon, soit en ajustant au mieux les liaisons entre les maillons. Comme l'exprime Philippe Lorino [2003, p. 33], concevoir la stratégie d'une firme à partir de la conception d'une chaîne de valeur est une révolution dans la pensée stratégique, mais le modèle de décomposition du fonctionnement de l'entreprise proposé par Porter en termes d'activités principales (logistique interne, production, logistique externe, commercialisation, services) et activités de soutien (infrastructure, gestion des ressources humaines, recherche et développement, approvisionnement) est « pauvre » ; il est possible de proposer d'autres modèles plus complexes, plus riches, mettant mieux l'accent par exemple sur le système d'information. En tout état de cause, il précise que la chaîne de valeur est trop complexe et trop diversifiée en fonction des marchés, des produits et des entreprises pour obéir à un modèle complet universel [Lorino, 2003, p. 62]. La proximité avec la notion de chaîne logistique telle que nous l'avons définie dans le chapitre II est patente. D'une manière implicite ou explicite, la notion de chaîne logistique fait référence à une chaîne de valeur. Si l'on peut modéliser le fonctionnement d'une organisation comme une chaîne d'opérations, on peut rechercher la création de valeur sur chaque maillon mais aussi sur les modes de coordination de ces maillons. L'introduction de l'ouvrage collectif *Management logistique* [Aurifeille *et al.*, 1997, p. 1] est sans équivoque à ce sujet : « Cette démarche [la logistique], centrée sur la gestion des flux [...] s'est développée aussi bien en interne, au sein des entreprises, que dans les relations entre entreprises partenaires d'une même chaîne de valeur. »

## Code à barres

Un code à barres est une codification graphique, ayant une certaine fiabilité et robustesse, d'une information sur un produit pouvant faire l'objet d'une lecture optique automatique. On dit que le code à barres est à la machine ce que l'alphabet est à l'homme. Il semble que l'origine du code à barres remonte à 1948 quand le président d'une chaîne de magasins alimentaires aux États-Unis ressentit le besoin d'une saisie automatique des données relatives aux produits passant par les caisses de ses magasins de façon à avoir en permanence un état de son stock. C'est un professeur de l'Institut technologique de Philadelphie, Norman Joseph Woodland, qui va se passionner pour ce problème et va présenter le premier « code à barres », évolution détournée et fusion du système de codage des bandes son de film et du code morse. Un premier brevet inexploitable sera déposé en 1949. Il faudra attendre les années 1970 pour voir apparaître le premier lecteur de code à barres utilisant un rayon laser et la standardisation de la codification par un certain Woodland chez IBM. Le développement de l'informatique va permettre de traduire, de manipuler, de stocker cette codification permettant de rentabiliser rapidement l'investissement des fournisseurs de la grande distribution dans l'identification de leurs produits. De 1970 à 1980, tous les standards de codification sont développés pour répondre aux différents secteurs d'activité. Des standards se sont imposés par secteur d'activité ; par exemple, la grande distribution et la presse utilisent les codes à barres EAN (*european article number*). Cette norme garantit que le code à barres appliqué à un élément sera reconnu dans tous les pays de l'Union européenne. On utilise le code à barres EAN 13 pour identifier les produits tels qu'ils se présentent unitairement dans une grande surface et le code à barres EAN 128 pour identifier les colis. Ce sont des codes linéaires, numériques, de longueur fixe. Ils se présentent sous la forme d'une suite de barres parallèles, d'épaisseur et d'intervalles variables. Différentes zones peuvent être distinguées : le drapeau qui indique le pays, le code du fabricant et/ou le code du produit, et le caractère de contrôle. C'est uniquement lorsque le code à barres d'un produit est lu par une douchette ou un scanner, puis transmis à un ordinateur, qu'il est possible d'accéder *via* un fichier à des données fines relatives au produit : le prix, le nom du fournisseur, le nom du produit... Le code à barres peut apparaître comme un « détail » dans la logistique de distribution : un « détail » sans lequel la grande distribution n'aurait pu se développer.

## Diagramme des causes d'Ishikawa

Kaoru Ishikawa (1915-1989), professeur à l'université de Tokyo, est un spécialiste du management de la qualité. Il a été le fondateur des cercles de qualité au Japon. Il est l'auteur de nombreux ouvrages dont l'objet est d'améliorer la qualité dans les entreprises. À l'origine, c'est un éminent statisticien, qui a été chargé de veiller à la mise en place au Japon de la gestion de la qualité dans l'industrie. Son ouvrage *Gestion de la qualité : outils et application* [Ishikawa, 2002] constitue une référence en la matière. Le diagramme des causes d'Ishikawa ou diagramme en arêtes de poisson, ou encore méthode des 4 M, fait partie des nombreux outils destinés à perfectionner le management de la qualité dans une organisation. Kaoru Ishikawa a analysé les différentes causes qui amènent la fabrication d'un produit à receler des anomalies. Suite à différentes études empiriques, il apparaît que les sources d'erreur peuvent être liées aux matières premières, aux machines, aux méthodes de travail, aux mesures de contrôle (4 M). Les matières brutes diffèrent

**Diagramme en « arêtes de poisson »**

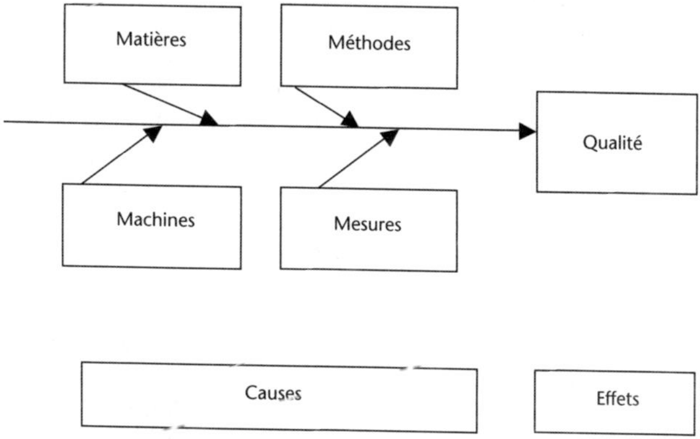


souvent en fonction des diverses sources d'approvisionnement. Les machines peuvent avoir des problèmes liés aux jeux des mécanismes ou encore parce que l'usage de la machine est trop intensif. Les méthodes de travail mises en œuvre par les différentes équipes sont sujettes à des variations. La qualité du produit peut être représentée concrètement par des données (longueur, dureté, taux de défectuosité…) : ce sont les caractéristiques de la qualité. Les défaillances de certains fournisseurs de matière première, les erreurs des salariés, les pannes de machine sont appelés les facteurs. On se propose de représenter sur un diagramme en « arêtes de poisson » les facteurs (les causes) qui contribuent aux caractéristiques de qualité des produits fabriqués (les effets).

Il s'agit de se doter d'une représentation simplifiée de la séquence des opérations qui peuvent être des causes dans l'obtention d'une mauvaise qualité du produit que l'on a clairement identifiée. On utilise les différents registres proposés comme des guides (une check-list) pour rechercher les causes effectives. Il est possible de réaliser trois catégories de diagramme : diagramme d'analyse de la dispersion, diagramme du processus de production et diagramme d'énoncé des causes. Les diagrammes construits doivent être ni trop compliqués car il devient impossible de les utiliser, ni trop simples car les causes essentielles risquent d'être oubliées. La construction de ce type de diagramme suppose une bonne connaissance du processus de production.

## EDI (*electronic data interchange*) : échange de données informatisé

Cette technique permet d'automatiser les échanges d'information entre des agents, des organisations. En automatisant certaines opérations liées à la transmission d'information, il est possible de diminuer les erreurs et d'augmenter la rapidité de circulation de l'information. L'EDI passe avant tout par un accord entre différents partenaires voulant structurer leurs échanges d'information. Selon le glossaire réalisé par EDIFRANCE (Association pour le développement des échanges électroniques professionnels), l'EDI est « une transmission d'ordinateur à ordinateur, d'application à application, de données structurées selon des messages préétablis et normalisés *via* un moyen de télécommunication. Cette technique permet l'échange automatisé de données codifiées et agencées selon un langage préalablement convenu entre des applications logées sur des systèmes d'information distincts et hétérogènes. Les échanges sont effectués au moyen de différents réseaux de télécommunications » (www.edifrance.org). L'EDI n'est pas un concept nouveau puisqu'on en trouve des traces aux États-Unis en 1960 dans un accord entre des banques et des transporteurs (Transportation Data Coordination Commitee). À l'origine, il est utilisé pour des fins commerciales. Il repose sur le principe que les données originales ne doivent être entrées qu'une seule fois dans le système, après quoi elles peuvent être transmises entre les parties intéressées par voie électronique. On peut illustrer concrètement le fonctionnement d'un EDI entre différentes organisations de la manière suivante : à la sortie d'un hypermarché, le passage en caisse d'un produit déclenche une commande directement chez le fournisseur, qui envoie alors automatiquement en retour une facture ; dès réception du produit dans le magasin, un ordre de virement automatique est envoyé à la banque du fournisseur. Chaque secteur a eu tendance à mettre en place sa propre norme en matière d'échange automatisé d'information dès les années 1970. Le groupement GENCOD (Groupement d'étude, de normalisation et de codification des distributeurs) a mis en place le dispositif ALLEGRO dans la grande distribution, le groupement GALIA (Groupement pour l'amélioration des liaisons dans l'automobile) a mis en place la norme ODETTE (Organisation de données échangées par télétransmission en Europe) dans l'industrie automobile. Et, depuis les années 1980, il y a des tentatives d'harmonisation au niveau international sous l'égide de l'ONU avec la création de la norme EDIFACT par exemple.

## ERP (*entreprise resource planning*)

Le management de la chaîne logistique suppose un système d'information qui permette de piloter la performance attendue de l'organisation. Une certaine catégorie de progiciel de gestion a été créée dans ce but : ce sont les ERP (*entreprise resource planning* ; les ERP les plus utilisés sont SAP, Oracle, Peoplesoft, JDEdwards, Intentia, Baan…). Ce type d'outil doit permettre le suivi du fonctionnement de l'entreprise *via* les flux. Selon Nikolay Tchernev [*in* Lièvre et Tchernev, 2004], ce sont des progiciels intégrés qui permettent de gérer les fonctions transactionnelles de l'entreprise. Ils couvrent les différentes fonctions de gestion et partagent les informations entre les modules *via* une base unique de données. Ces modules sont : achat et gestion des stocks, gestion de projet, comptabilité analytique, comptabilité financière, gestion des ressources humaines, administration des ventes, planification de la production, gestion de la qualité. Mais il s'agit ici uniquement d'effectuer le suivi des flux entre les différentes fonctions de l'entreprise. En effet, cette couche « système d'information » qui relève de la planification opérationnelle est l'interface entre le MES (*manufacturing execution system*) qui relève du registre de l'exécution (ordre de fabrication et contrôle de la production) et les APS (*advanced planning system*) qui renvoient à une rationalisation de la planification. Les APS permettent d'améliorer la planification et la synchronisation des flux en intégrant des contraintes de ressources, de capacités, de coûts et de délais. L'APS mobilise des outils d'optimisation qui proviennent de la recherche opérationnelle, mais aussi de l'intelligence artificielle — l'intelligence artificielle est une technologie développée dans les années 1970 qui tente de capturer l'expertise humaine pour effectuer une tache, dans un système-expert (sous la forme d'un robot, par exemple) capable par la suite de la réaliser [Hatchuel et Weil, 1992].

## ISO[1]

L'organisation internationale de normalisation ISO (selon le mot grec qui signifie « égale ») est un réseau d'instituts nationaux de normalisation de 157 pays, selon le principe d'un membre par pays, dont le Secrétariat central, situé à Genève, assure la coordination d'ensemble. L'objet de cette organisation non gouvernementale est de construire des normes ISO, c'est-à-dire des « accords techniques qui procurent un cadre pour que des technologies soient mondialement compatibles ». La normalisation internationale commença dans le domaine électrotechnique avec la création, en 1906, de la Commission électrotechnique internationale (CEI). Les premiers travaux fondamentaux dans d'autres domaines

1. Pour rédiger cette note, nous avons largement utilisé le site officiel de l'ISO auquel nous renvoyons le lecteur pour des compléments : www.iso.org/iso/fr/ISOOnline.frontpage.

furent entrepris par la Fédération internationale des associations nationales de normalisation (ISA), créée en 1926. Au sein de l'ISA, l'accent portait de façon prépondérante sur l'ingénierie mécanique. Les activités de l'ISA cessèrent en 1942. À la suite d'une réunion tenue à Londres en 1946, les délégués de 25 pays décidèrent de créer une nouvelle organisation internationale dont l'objet serait de « faciliter la coordination et l'unification internationales des normes industrielles ». La nouvelle organisation, ISO, entra officiellement en fonction le 23 février 1947, elle a publié plus de 15 000 normes internationales. Les séries ISO 9 000 et ISO 14 000 comptent parmi les normes qui sont les plus connues. L'ISO 9 000 est devenue une référence internationale pour les exigences qualités dans les relations interentreprises et l'ISO 14 000 doit aider les entreprises à relever leurs défis en matière d'environnement. L'ISO 9 000 traite du « management de la qualité », « ce terme recouvrant tout ce que l'organisme réalise pour améliorer la satisfaction des clients en répondant à leurs attentes et aux exigences réglementaires applicables et en améliorant à cet égard continuellement ses performances ». Ce sont les entreprises qui font une demande de certification. Cet agrément se fait en trois étapes : élaboration d'un référentiel proposé pour la certification par l'entreprise, audit d'un organisme agréé accordant ou pas la certification, suivi et contrôle de l'application du référentiel. Les thèmes suivants sont abordés par les normes ISO 9 000-2 000 et ISO 9 004-2 000 relative au management de la qualité : orientation client, leadership, implication du personnel, approche par les processus, management par approche système, amélioration continue, approche factuelle de la décision, relation mutuellement bénéfique avec les fournisseurs. Une norme est une obligation pour l'entreprise de faire un effort d'explicitation et de codification de son activité ; si elle l'oblige de fait à une certaine rigueur et peut constituer ainsi une certaine garantie pour les clients, elle peut aussi être un obstacle en matière d'adaptation.

## Méthode ABC (*activity based costing*)-ABM (*activity based management*)

Ces techniques de comptabilité sont apparues dans les années 1980 ; elles visent à relier la gestion financière d'une organisation et son pilotage opérationnel. L'objet est l'imputation des coûts d'une organisation au niveau le plus élémentaire de la réalité physique de l'activité, de façon à comprendre pourquoi on consomme des ressources (ABC) sur une opération bien identifiée, dans le but de permettre une maîtrise des coûts dans l'avenir et de parvenir à les réduire d'une manière régulière (ABM) [Lorino, 2003, p. 181].

## *Poka-yoke*

Le système *poka-yoke* (« anti-erreur » en japonais) est l'invention d'un ingénieur, Shigeo Shingo (1909-1990), très créatif chez Toyota. C'est lui qui a créé le *single minute exchange die* (SMED), c'est-à-dire la méthode qui permet de changer un outil dans un processus de production en quelques minutes. Il s'est beaucoup intéressé aussi au contrôle de la qualité et à tout ce qui pouvait amener une organisation vers le « zéro défaut ». C'est dans ce registre qu'il a été amené à construire le *poka-yoke*. L'idée est de concevoir un outil qui empêche l'erreur de se produire [Shingo, 1986]. Mieux vaut prévenir que guérir. Il distingue trois sortes de *poka-yoke*. Le *poka-yoke* de contact : la présence de ce dernier lors de l'opération oblige l'opérateur à ne pas faire d'erreur. L'exemple de la ceinture de sécurité non bouclée qui empêche la voiture de démarrer fait partie de cette catégorie d'outil anti-erreur. Le *poka-yoke* de signalement qui indique lors d'une procédure si une des opérations n'a pas été effectuée. C'est le signal sonore permanent qui se met en place lorsqu'une opération est manquante dans une procédure et qui ne s'arrêtera que lors de l'exécution de cette opération. Le *poka-yoke* chronologique qui est une suite d'opérations à caractère obligatoire à réaliser chronologiquement pour mettre en route une machine : c'est la vérification effectuée par un pilote d'avion lors de la prise des commandes.

### Soutien logistique intégré

Cette approche a été mise en œuvre et codifiée par le département de la Défense de l'armée américaine dans les années 1960, puis dans le cadre du programme de l'aérospatiale (NASA). Elle s'est généralisée dans le secteur des biens d'équipement dès les années 1970. On représente habituellement la structure du coût global de possession d'un produit par un iceberg où la partie émergée représente uniquement le coût d'acquisition. Les autres coûts sont liés à son usage et appartiennent à des registres très différents : installation et mise en œuvre, formation, documentation, pièces de rechange et tous les frais liés à la maintenance (gestion, atelier, logiciel, test...). Un groupe de travail de l'association SOLE du sud-est de la France [Fabbe-Costes, 2001] avait proposé de définir le SLI comme « une démarche qui associe le fournisseur et l'utilisateur d'un bien durable. Elle vise à intégrer dès la phase de conception de ce bien une réflexion sur les conditions de son soutien logistique afin d'assurer pendant toute sa durée de vie, un certain niveau de disponibilité et de sûreté de fonctionnement compatible avec les missions qui lui ont été définies et conformément à un objectif de coût global fixe ». Prenons un exemple simple : lorsqu'un client achète un Airbus A 380, il achète non seulement un avion, mais aussi les possibilités de son usage effectif pendant une période déterminée et à un coût donné. Cette particularité va obliger le constructeur à une maîtrise de l'ensemble du coût d'usage de cette « machine » pour son utilisateur dès la phase de conception. 80 % du coût global de possession de ce type de bien est déterminé pendant cette même phase de conception. Ainsi, il va falloir intégrer, par exemple, que dans dix ans, la compagnie aérienne propriétaire de cet avion doit pouvoir trouver des pièces de rechange à un certain prix pour en assurer sa maintenance, ce qui va déterminer sa possibilité d'utilisation sur la période considérée.

### Théorie des graphes[2]

La théorie des graphes se propose de modéliser un problème sous la forme d'une représentation en réseau (un graphe), c'est-à-dire une mise en relation entre des points distribués dans un espace donné, qu'il est possible de décliner sous la forme d'une fonction (il existe des supports de cours, lisibles par un non-spécialiste, accessibles en ligne sur la théorie des graphes comme celui d'Éric Sopena au LABRI ou de Pierre Lopez au LAAS ; signalons aussi l'ouvrage didactique écrit par Gérard Fleury et Olivier Cogis [2002]). L'histoire de la théorie des graphes débute au XVIIIe siècle avec les travaux du mathématicien Leonhard Euler (1707-1783 ; théorème d'Euler, 1766) dans la recherche de résolution du problème des habitants de Konisberg en Autriche. La ville de Konisberg est traversée en son milieu par une rivière ; sept ponts ont été construits pour faciliter les déplacements dans la ville. Les habitants se demandent s'il existe un trajet leur permettant d'emprunter une seule fois tous les ponts en partant d'un quartier quelconque et pour en revenir. Euler, en représentant les ponts par des arcs et les quartiers par des points, fait la démonstration que ce trajet n'existe pas. Cette théorie des graphes s'est développée dans différentes disciplines (chimie, biologie, sciences sociales). Depuis le début du XXe siècle, elle constitue une branche à part entière des mathématiques sous le nom de topologie qui connaît d'importants développements avec, par exemple, les travaux de René Thom. La notion de « graphe » a été étendue en 1960 par Claude Berge [1985] qui introduisit la notion d'« hypergraphe ». La théorie des graphes s'est spécialisée sur

---

2. Cette note a été rédigée avec la collaboration de Philippe Lacomme, maître de conférences en informatique, HDR (Limos, université Blaise-Pascal, Clermont-Ferrand).

des problèmes de réseaux de communication, de transports, d'ordonnancement mobilisant de plus en plus les travaux des informaticiens. Une terminologie s'est créée autour de la forme de ces graphes, de ces réseaux. Par exemple, on parle de réseau linéaire (A), de réseau complet (B), de réseau en étoile (C), de réseau en anneau (D), de réseau en bus (E), de réseau en arborescence (F). Dans le domaine de l'urbanisme, Gabriel Dupuy [1986, 1987] a mobilisé ce corpus pour décrire la forme générale d'un réseau technique (réseau de voirie, réseau de transport collectif, réseau d'assainissement, réseau des ordures ménagères...) en termes de connexité, de connectivité, d'homogénéité, d'isotropie et de nodalité. La connexité exprime le nombre de liaisons existantes rapportées aux nombres de liaisons possibles (soit N le nombre de points, le nombre de liaisons possibles entre ces N points s'exprime de la manière suivante : N(N-1)/2). La connectivité ajoute à la connexité la notion de liaisons alternatives entre des points. L'homogénéité traduit la possibilité de transmission plus ou moins parfaite sur l'ensemble du réseau des flux considérés en termes de capacité. L'isotropie rend compte du degré d'équivalence de la fonction circulante selon les différents tronçons du réseau. La nodalité caractérise le degré de liaison des points les uns par rapport aux autres. Dans le domaine des télécommunications, les travaux de l'ingénieur Bell ont montré qu'il n'était pas possible de développer ce type de réseau sous sa forme complète car trop coûteuse en lignes, mais plutôt sous une forme en étoile sachant que le nœud central joue un rôle spécifique de commutation entre les différents points. On retrouve cette même idée dans le transport aérien avec la notion de Hub. Les grands problèmes auxquels la théorie des graphes s'intéresse sont : les problèmes de flots (faire passer un flot maximal sur une « ligne » en respectant son débit maximal et en ayant éventuellement comme objectif la minimisation d'un coût), les problèmes de connexité permettant de s'assurer qu'un transport ou déplacement est toujours possible d'un point à l'autre du réseau (les applications militaires sont évidentes ainsi que les applications aux réseaux de

**Les différents types de réseau**

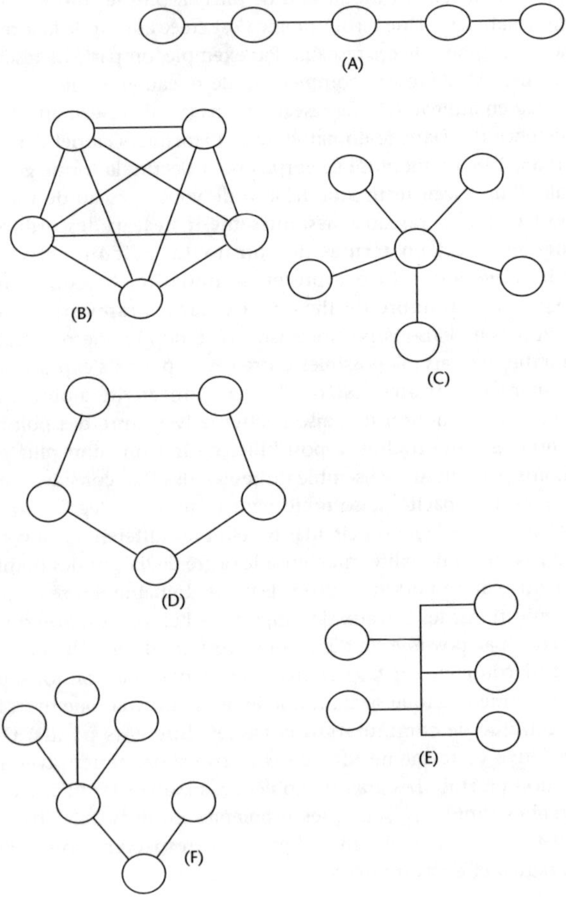

communication), les problèmes de cheminement consistant à traverser tous les sommets d'un graphe pour un coût minimal (livraison de clients ou de supermarchés par exemple) ou à traverser tous les arcs d'un graphe (collecte de déchets ménagers).

La puissance de modélisation des graphes et l'efficacité des méthodes disponibles permettent aujourd'hui de s'attaquer à la résolution de problèmes en utilisant des couplages de méthodes (pour une illustration de l'utilisation du couplage entre la théorie des graphes et d'autres méthodes, on peut se référer à Lacomme, Prins et Ramdane-Cherif [2004]) : d'une part, on retrouve un graphe comme moyen de modéliser (du moins partiellement) une solution et, d'autre part, des méthodes de recherche opérationnelle itératives (recuit simulé, algorithmes génétiques, *branch and bound*). Ces couplages ont permis la résolution de problèmes qui sont restés longtemps inaccessibles. À titre d'exemple, la meilleure méthode publiée pour la résolution de problème de type *job-shop* (des pièces de gammes différentes circulent sur des machines différentes dans un atelier) est due à Nowicki et Smutnicki [1996] qui utilisent un couple entre un graphe disjonctif (un graphe représentant les conflits entre les opérations ayant lieu sur la même machine) et une méthode « tabou ». Des avancées intéressantes dans la résolution des problèmes de collecte de déchets ménagers ont été réalisées en couplant des algorithmes génétiques avec un graphe permettant de découper un tour géant (couvrant toutes les arêtes du graphe) en sous-tournées pour chaque camion.

Ces différents outils, et bien d'autres[3], ne sont pas propres au logisticien. En effet, la spécificité de son travail est ailleurs,

3. Il existe aujourd'hui un certain nombre d'outils qui font partie du bagage du logisticien et qui sont enseignés comme tel dans les différents cursus de logistique. Parmi eux, nous pouvons citer par ordre alphabétique : AMDEC (analyse des modes de défaillances, de leurs effets et de leurs criticités), analyse ABC ou classement de Pareto ou loi des 20/80, *benchmarking*, chaîne de valeur, code à barres, diagramme des causes d'Ishikawa, ECR (*efficient consumer*

dans la manière de modéliser « une organisation en action » sous la forme d'un processus, en termes d'interaction entre des flux physiques et des flux d'information, puis de la rationaliser, pour concevoir une opération en réponse à une demande dans une perspective stratégique donnée. Si nous devions positionner la logistique dans le champ des techniques managériales au sens de Hatchuel et Weil [1992], nous serions tentés de la décliner comme une classe de techniques managériales dont le seul point fixe est cette philosophie gestionnaire. Hatchuel et Weil proposent de définir une technique managériale comme la combinaison entre un substrat technique, une philosophie gestionnaire et une distribution de rôles dans l'organisation. Or, comme nous l'avons vu dans ce chapitre, d'une part, les substrats techniques sont profondément hétérogènes : ils sont issus du corpus des sciences de l'ingénieur, celui des sciences de gestion mais aussi de la pratique des entreprises ; d'autre part, la distribution des rôles est profondément éclatée entre l'opérateur de base sur la chaîne de production, le contremaître de l'atelier, le chargé de mission logistique, le gestionnaire de l'entrepôt, le responsable du marketing et le directeur en charge de la stratégie générale. Des travaux ont montré que le succès de la logistique dans l'entreprise pouvait aussi avoir pour effet paradoxal sa disparition en tant que fonction propre, tant celle-ci peut être une fonction partagée [Fabbe-Costes et Meschi, 2000] et donc renvoyer à une multiplicité d'acteurs.

---

*response*), EDI (*electronic data interchange*) = échange de données informatisé, ERP (*entreprise resource planning*), FIFO (*first in, first out*)-LIFO (*last in, first out*), flexibilité, formule de Wilson, gamme de production, *hub*, Incoterm, ISO (*international stardardization organization*), JAT (juste à temps), *kanban, lean production*, MRP (*materiel requirement planning*), management de la qualité totale, méthode ABC (*activity based costing*)-ABM (*activity based management*), performance organisationnelle (efficacité, efficience, effectivité), plate-forme logistique, *poka-yoke*, SMED (*single minute exchange die*), soutien logistique intégré, théorie des graphes, traçabilité (*tracking-tracing*), zone de *picking*...

# IV / Une pratique réflexive « générique » : le cas des expéditions polaires

Si on définit la logistique comme une discipline qui prend comme objet la mise en œuvre organisationnelle, en prêtant une attention toute particulière au problème de son effectivité, alors la connaissance pratique des acteurs de terrain — qui n'est que de la mise en œuvre — constitue une source de connaissance incontournable qu'il faut alors « codifier », « mémoriser ». C'est ce que vise aujourd'hui ce qu'on appelle le retour d'expérience (il existe aujourd'hui une variété de méthodes dont la finalité est de réaliser un retour d'expérience dans une organisation ; ce sont les organisations à risque qui ont développé plus avant ce type de méthodologie qui fait partie intégrante du corpus des sciences du danger — les cindyniques — telles qu'elles sont développées par un auteur comme Kerven [1995, 2005], par exemple) ou une pratique réflexive selon Schön [1994] : c'est-à-dire une tentative de « mise en mots » d'une pratique dans une perspective d'accumulation et de transmission des connaissances. Cette « mise en mots » peut prendre différentes formes orales et/ou écrites et être obtenue par différents dispositifs : du simple debriefing oral spontané de l'acteur concerné après une opération, en passant par des dispositifs d'intermédiation plus ou moins sophistiqués de l'entretien d'explicitation de Pierre Vermersch [1994], en passant par l'observatoire du cours d'action de Jacques Theureau [2006] jusqu'au dispositif d'autoconfrontation croisée mis en œuvre en psychologie du travail par Yves Clot [1999] (pour une mise en perspective de ces différentes approches, nous renvoyons le lecteur au travail de Rix [2006, 2007]). Dans tous les cas, il s'agit de considérer l'expérience comme une connaissance tout à fait spécifique et incontournable sur une action mise en œuvre, c'est-à-dire une source de savoir logistique. Cette pratique peut se développer à l'écart de la science. C'est ce qui s'est passé dans de nombreux domaines, par exemple le militaire. Il y a une tradition dans le domaine militaire du retour d'expérience qui a permis une capitalisation des connaissances sur l'art de la guerre, depuis au moins 2 500 ans. Le journal de bord a été un outil précieux dans cette tentative de capitalisation de la pratique. Nous avons déjà évoqué ici les grands traités militaires : *L'Art de la guerre* selon Sun Tzu écrit cinq siècles avant notre ère, *Précis de l'art de la guerre* de Jomini en 1837, qui explicite la technique mise au point par Napoléon Ier, et, enfin, *De la guerre*, en 1830, selon Carl von Clausewitz, qui constitue une tentative de généralisation des expériences militaires antérieures sous l'angle d'un raisonnement purement logique, une réflexion issue d'une expérience décisive puisqu'il opérait du côté prussien lors de la bataille de Waterloo. Ces trois traités se sont construits à l'écart de la science pour la simple raison que celle-ci n'existait pas ou était balbutiante, mais peut-être plus profondément parce que l'expérience en situation naturelle est une source d'information distincte de l'expérimentation scientifique. Ainsi, malgré les progrès de la science, il est absolument remarquable qu'au XXIe siècle, ces trois traités soient enseignés dans les écoles militaires de stratégie et soient considérés comme des œuvres indépassables. Quoi de commun entre les combats des seigneurs chinois il y a vingt-cinq siècles et les opérations militaires d'aujourd'hui ? La force de ces traités est qu'ils sont issus de la pratique effective, de la mise en œuvre d'un grand nombre d'opérations militaires. Ils proviennent d'une période marquée par de longues guerres où l'apprentissage des généraux s'est opéré par une suite d'essais et d'erreurs (dramatiques !), *via* une capitalisation de cette expérience. Ils montrent aussi que, au-delà de la singularité d'un combat ayant eu lieu dans un contexte fort éloigné de ceux d'aujourd'hui, un certain nombre de principes restent pertinents à condition de se situer à un niveau satisfaisant de « généralisation » sous l'angle organisationnel. Jacques Colin [1996, p. 11-14] a montré comment l'organisation de la marine de guerre française au XVIIIe siècle relevait d'une logistique très moderne issue essentiellement du terrain et laissant transparaître pourtant les grandes notions développées aujourd'hui dans les manuels de référence en management logistique. Ce travail de capitalisation de l'expérience « logistique » au sens de la mise en œuvre organisationnelle s'est opéré dans de nombreux champs de pratique : l'enseignement, l'urbanisme, le travail social, l'humanitaire, la santé, le génie civil... La problématique est toujours la même : on reconnaît qu'il y a une information « capitale » détenue par ceux qui font et la question de la capitalisation de cette connaissance est posée comme un préalable quant à l'amélioration de la pratique, c'est-à-dire de la mise en œuvre. Nous proposons de rendre compte comment s'est développée la logistique en tant que pratique réflexive dans un champ particulier, celui des expéditions polaires, de montrer qu'il est possible d'en exhiber un corpus et que celui-ci est source d'un savoir logistique « générique » (encadré 7) que l'on peut mobiliser pour des organisations prenant la forme d'une entreprise ou d'un hôpital.

## L'histoire de l'exploration polaire comme source d'un savoir logistique

L'histoire de l'exploration polaire est d'une grande richesse sur le plan logistique (encadré 8). Comme pour le registre militaire, nous sommes en présence d'actions collectives entreprises dans des situations d'incertitude et de risque qui poussent les acteurs à aller jusqu'au bout de leurs logiques, de leurs engagements. C'est en allant jusqu'au bout de leurs

## Encadré 7. De la « généralisation » de la logistique

Nous définissons ici le champ de la logistique comme celui de l'organisation en général. Nous créons une classe de situations logistiques où il est possible d'opérer un va-et-vient permanent entre des cas singuliers mis en forme issus d'organisations différentes comme l'armée, l'entreprise... et un certain niveau de généralisation. Selon Albert David [2005], lorsque nous étudions un cas dans toute sa singularité, nous mobilisons de fait un système de référence qui renvoie à un certain niveau de généralisation et qui va fonder dans le même temps la singularité du cas. Ainsi, lorsque nous abordons un cas significatif comme le débarquement des alliés en Normandie en 1944, nous pouvons nous situer à des niveaux de généralisation différenciés. Il s'agit d'un processus de décontextualisation. On peut ainsi décontextualiser le cas au niveau du registre militaire et en extraire des principes qui peuvent valoir pour toute action militaire, mais on peut aussi pousser cette décontextualisation à un niveau plus élevé de la généralisation, au niveau des principes d'organisation indépendants de la nature même de l'organisation. Illustrons ces réflexions.

On peut dégager des enseignements du débarquement de Normandie sur le problème du débarquement « en général » de troupes en milieu ennemi : par exemple, sur le nombre d'hommes qu'il est possible de débarquer en fonction d'un matériel donné, d'un entraînement donné, sur une période donnée ; sur la manière de synchroniser le débarquement proprement dit et, dans le même temps, de paralyser la riposte adverse. On peut aussi, à un niveau de généralisation plus avancée, dégager des principes « généraux » sur la pratique que doivent avoir des militaires du matériel qu'ils utilisent en situation de combat inédite pour eux. On peut enfin, sur le plan d'une logistique « générale », dégager des enseignements sur la conception et la mise en œuvre d'une chaîne d'opérations multi-acteurs orientée vers un but donné dans un milieu incertain et risqué : une chaîne de valeur.

Dans cette perspective, la logistique telle que nous la définissons ici, s'inscrit pleinement dans les nouvelles fondations des sciences de gestion qui se donnent pour objet « une classe de problématique générale de l'action collective dans une perspective de prescription » [David, Hatchuel et Laufer, 2000]. Les modalités de construction de ces principes sont de l'ordre d'un raisonnement « abductif » dont l'enquête policière est une illustration concrète. Il s'agit, à partir d'un ensemble de faits, de construire des hypothèses plausibles qui permettent d'ordonner ces faits. Le statut des propositions à ces différents niveaux de généralisation est de l'ordre du plausible et non de la vérité universelle. Par ailleurs, on ne pourra utiliser tel quel ce principe d'organisation, il faudra le recontextualiser en fonction de la situation donnée.

limites que les acteurs vont apprendre ; en effet, les principes d'organisation mis en œuvre vont se révéler rapidement adaptés ou inadaptés. Par ailleurs, cette expérience acquise par une succession de tâtonnements qui ont été souvent payés d'un prix lourd par les acteurs eux-mêmes, le prix de leur vie, a fait l'objet d'une mémoire très souvent écrite. Les journaux de bord, tenus par les chefs d'expédition qui consistaient à consigner, par le détail, leur déroulement quotidien, sont une source de premier plan en matière de logistique polaire mais aussi de logistique tout court, c'est-à-dire de mise en œuvre organisationnelle sur un plan « générique ». Cette histoire débute avec le Marseillais Pythéas au IVe siècle av. J.-C., mais prend toute sa dimension entre la fin du XIXe siècle et le début du XXe siècle avec la découverte du passage du Nord-Est, celui du Nord-Ouest, et évidemment la conquête des pôles. Cette logistique en tant que pratique s'est développée à partir de l'expérience maritime anglaise dont James Cook est le digne représentant. Ce dernier l'a décrite de 1768 à 1780 [Cook, 2005] lors de son exploration autour du monde. Il s'agit donc d'une pratique réflexive d'exploration du point de vue des marins.

Tout naturellement, la conquête des pôles leur a été confiée : en effet, en quoi la pratique des expéditions maritimes au-dessus de 70 degrés de latitude Nord allait-elle se différencier de la pratique des expéditions maritimes réalisées en dessous de 70 degrés ? La conquête du pôle Nord et, en tout premier lieu, les tentatives de franchissement du passage du Nord-Ouest, reliant l'Atlantique au Pacifique en passant par le Nord du Canada, allaient donner une réponse cinglante à cette question. En abordant le problème strictement comme un marin appartenant à la Royal Navy, Lord John Franklin, en 1845, va connaître le plus grand désastre de l'exploration polaire : deux vaisseaux de fort tonnage et lourdement équipés vont sombrer ainsi que les cent trente membres de l'équipage. Aucun survivant. Cet échec va donner lieu à l'organisation d'une trentaine d'expéditions de secours qui vont se focaliser sur l'exploration du Nord du Canada et vont acquérir

### Encadré 8. L'histoire des techniques de l'exploration polaire

Un certain nombre d'auteurs ont rédigé des histoires de l'exploration polaire. À titre d'exemple, parmi les auteurs francophones, Paul-Émile Victor (PEV) a publié différents ouvrages et articles sur ce registre [1958, 1962]. En 1942, le capitaine de vaisseau Thomazi, membre de l'Académie de marine, a écrit un « Que sais-je ? » sur les expéditions polaires [1942]. Jean Malaurie [1990], dans son *Ultima Thulé*, dresse le portrait d'un certain nombre d'expéditeurs polaires entre 1818 et 1993 et rend compte d'un point de vue historique des différentes pratiques. En 1958, lorsque les éditions de la Nouvelle librairie de France décident de publier un ouvrage consacré à l'*Histoire universelle des explorations*, elles confient à Paul-Émile Victor le soin de rendre compte de l'exploration polaire. Ce dernier va s'appuyer sur les travaux de l'explorateur canadien Vilhjalmur Stefansson qui divisait les étapes de l'exploration polaire selon les méthodes employées par les explorateurs. Ainsi, il distingue quatre périodes : 1) celle de l'incursion estivale en navires qui s'achève en 1820 ; 2) celle de l'hivernage avec transfert dans les régions polaires des techniques européennes ; 3) celle du traîneau à chiens, combiné avec une alimentation et un genre de vie inspirés de ceux des trappeurs (pemmican, tente) ; 4) celle des techniques hyperboréennes, empruntées surtout aux Inuits : traîneaux à chiens, iglou, chasse aux rennes et aux phoques, pêche sur la glace. PEV va ajouter une cinquième étape à ce panorama, celle du moteur à explosion dans la navigation, le halage des traîneaux par tracteurs à chenilles sur la glace, et surtout l'exploration aérienne. Mais PEV ne se satisfait pas de cette manière de diviser l'exploration polaire, il veut intégrer les nations exploratrices, les régions explorées et les moyens. Un débat est engagé sur la manière de raconter cette histoire des techniques polaires et il se poursuit aujourd'hui, avec un logisticien polaire comme Christian de Marliave [2003] qui a travaillé avec Jean-Louis Étienne. Sur le plan théorique, on peut s'interroger sur la distinction qu'il faudra opérer entre une histoire des techniques et une histoire de la mise en œuvre des techniques, sachant que c'est à cette seconde branche que s'intéressera pleinement la logistique.

une connaissance logistique considérable — nous avons entrepris d'investir cet échec historique comme source d'un savoir logistique autour de la notion d'organisation apprenante [Lièvre et Rix, 2005b] ; ce type d'investigation conduit le chercheur en sciences de gestion à devenir « historien » (pour les possibilités de « passage » entre les deux disciplines, voir Godelier [2006]).

Ces marins vont élargir leurs pratiques en intégrant des dimensions terrestres et surtout en tirant parti des pratiques locales des indigènes pour survivre dans ces déserts polaires. Ce sont les Norvégiens qui, en alliant une connaissance pratique de la navigation à celle de la vie dans les milieux « froids » et de montagne, vont dominer la scène polaire : Nansen, Sverdrup, Admunsen. L'ouvrage de Frijdof Nansen, *Vers le pôle*, écrit en 1890, est une référence absolue en la matière.

Trois écoles se sont disputées avidement les principaux objectifs de cette exploration avec des succès très variables : l'école anglaise, américaine et nordique. Le Finlandais Nordenskojold franchit le passage du Nord-Est en 1879, le Norvégien Admunsen franchit le passage du Nord-Ouest en 1906 et atteint, le premier, le pôle Sud en 1911. C'est à un Américain que revient la conquête du pôle Nord en 1909, quel que soit son nom : Peary ou Cook. Les Anglais vont connaître de cruelles déconvenues dont la tentative du capitaine Scott pour la conquête du pôle Sud en 1911 est particulièrement emblématique. Cette aventure dramatique constitue une source formidable de connaissance sur le plan logistique (encore largement inexploitée). Scott parviendra au pôle Sud quelques jours après Admunsen, mais aucun survivant ne reviendra de cette épopée. On retrouvera le livre de bord de Scott, près de son cadavre, où il a pu consigner minutieusement, jour après jour, le déroulement de cette tragique aventure. Avec l'arrivée des moyens mécaniques et aériens, et la structuration progressive de la recherche scientifique autour de ce laboratoire que constitue le milieu polaire, des instituts spécialisés dans différents pays vont prendre en charge la logistique proprement dite des expéditions polaires. En France, ce sont les expéditions polaires françaises créées par Paul-Émile Victor en 1936 qui vont s'illustrer au Groenland et en Antarctique. L'institut Paul-Émile-Victor, basé à Brest, est chargé de la logistique des programmes scientifiques français. Tous les pays ayant une base scientifique en Arctique ou en Antarctique vont développer un institut spécialisé en logistique polaire. Ces différentes institutions ont créé un Comité international d'étude des opérations logistiques en Antarctique (Standing Committee on Antartic Logistics and Operation), qui organise régulièrement des colloques.

En ce qui concerne les travaux des différents instituts polaires, il apparaît que leur champ est encore largement centré sur des problèmes techniques plus que sur des problèmes délibérément organisationnels (notre propos doit être ici relativisé car nous n'avons pas fait une investigation exhaustive de l'ensemble des travaux des instituts polaires). Il faudrait investir les pratiques des logisticiens des instituts mais aussi l'expérience des chefs de mission. Les écrits réalisés par les explorateurs polaires constituent une source fantastique de savoir logistique. Mais il est possible d'aller encore plus loin. En effet, on sait depuis les travaux de Piaget [1974] que les connaissances mobilisées par un acteur dans une action identifiée, ici et maintenant, sont largement tacites. On peut réussir une action paradoxalement sans la comprendre et plus précisément sans être capable de la restituer d'une manière explicite à autrui. Dans une perspective proche de Piaget, le psychologue Gérard Vergnaud [1996] fait le constat suivant : « Il existe dans les compétences de l'expert beaucoup de savoir-faire qu'il est souvent incapable de restituer à autrui sous forme explicite [...]. Ce savoir-faire a été élaboré au cours d'une longue expérience : l'ingénieur est à peine mieux en état d'en rendre compte que l'ouvrier. La même idée s'applique à tous les professionnels expérimentés : ils ne sont que faiblement en mesure de traduire en explications claires leurs pratiques professionnelles, ils sont peu capables de spécifier les pratiques alternatives dont ils disposent et les moyens par lesquels ils adaptent ces pratiques aux différentes conditions qui peuvent se présenter. D'une manière générale, ils sont faiblement conscients des décisions et des jugements implicites sur lesquels reposent leurs actions. »

**Encadré 9. L'observatoire de l'organisation en action**

Nous avons conçu et mis en œuvre dans le cadre d'un programme de recherche de logistique des situations extrêmes, centré sur les expéditions polaires, un observatoire de l'« organisation en train de se faire ». Cet observatoire est le produit d'une réflexion méthodologique commencée depuis 2000 qui s'est constituée de retour d'expérience en retour d'expérience. Une expédition a été consacrée entièrement en 2001 en Finlande à la mise au point de ce dispositif. Enfin, cet observatoire a été mis en œuvre dans sa forme la plus élaborée dans le cadre du suivi de l'expédition Terre de Baffin en 2005 : de l'idée du projet jusqu'à sa réalisation. L'observatoire est composé de deux outils d'investigation complémentaires : l'un centré sur le collectif, le journal de bord multimédia, et l'autre centré sur chaque individu, le dispositif d'objectivation des pratiques situées. Le journal de bord multimédia est tenu par un chercheur dans une posture de participation observante en utilisant des traces écrites, mais aussi vidéo, recueillies régulièrement pendant toute la durée du projet. Ces traces sont mises en forme pour constituer un récit. Le dispositif d'objectivation des pratiques situées [Rix et Biache, 2004 ; Lièvre et Rix, 2004, 2005a] est mis en œuvre par un autre chercheur, dans une posture d'observation participante, sur des phases critiques, dans le déroulement du projet : il suppose un enregistrement vidéo extérieur de la séquence, un enregistrement à l'aide d'une caméra embarquée au plus près du point de vue de l'acteur, un entretien *ex post* avec l'acteur utilisant l'enregistrement précédent. Le dispositif permet une objectivation sous la forme d'un écrit chronologique, des connaissances tacites mises en œuvre par l'acteur en situation.

En résumé, l'acteur lui-même ne peut rendre compte que d'une petite partie de sa pratique. Pour emprunter une image classique dans le milieu polaire, la partie accessible de ces connaissances n'est que la partie émergée de l'iceberg. Pour accéder à ces connaissances, il faut « plonger ». C'est ce que les ergonomes comme Jacques Theureau [1992] par exemple ou les psychologues du travail comme Pierre Vermersch [1994] et Yves Clot [1999] ont entrepris depuis une dizaine d'années : en mettant en œuvre des dispositifs d'intermédiation pour accéder à ces connaissances tacites. C'est le travail que nous avons entrepris (encadré 9) dans le cadre d'un programme de recherche de logistique des situations extrêmes centré sur les expéditions polaires [Lièvre, 2005].

## Une investigation de la logistique polaire « moderne »

Nous sommes partis dans l'idée d'investir les pratiques ordinaires des expéditeurs polaires, des experts actifs, aujourd'hui. Nous avons associé des praticiens-réflexifs au sens de Schön [1996] à cette investigation des modalités d'organisation des expéditions polaires (encadré 10). L'idée était d'essayer de rendre explicite l'expérience acquise par les praticiens dans la réalisation même de leurs expéditions en leur proposant de produire un écrit. Nous avons mobilisé des praticiens expérimentés c'est-à-dire ayant réalisé de nombreuses expéditions (jusqu'à une trentaine), depuis de nombreuses années (jusqu'à une vingtaine d'années) ou ayant accompli des expéditions engagées reconnues dans le milieu (le pôle Nord, le pôle Sud…). Certains étaient des professionnels civils ou militaires avec le diplôme de guide de haute montagne ou une autre qualification, d'autres étaient des amateurs « éclairés » ayant ou pas des responsabilités dans des associations spécialisées dans les milieux de la montagne comme le Club alpin français ou la Fédération française de la montagne. Différents types d'expédition étaient représentés, de l'expédition sportive classique regroupant quelques amis à l'expédition scientifique prise en charge par l'institut Paul-Émile-Victor. Il s'agissait d'avoir un échantillon contrasté d'expéditeurs et d'expéditions polaires. Souvent, les personnes sollicitées avaient déjà écrit sur le sujet des articles dans des revues ou même des ouvrages. Nous avons au départ laissé le choix à chacun de développer comment il l'entendait le problème de l'organisation d'une expédition polaire : de l'idée du projet jusqu'à sa mise en œuvre sur le terrain et en intégrant le bouclage final de l'opération, lors du retour en France. Nous avons ainsi recueilli par écrit l'expérience de treize expéditeurs [Lièvre, 2001, 2003].

## Encadré 10. Une expédition polaire ?

Il s'agit d'une organisation éphémère qui prend la forme d'un projet qui voit le jour autour d'un objectif relativement précis comme une traversée (ex : la traversée de la Terre de Baffin ou de l'Islande), l'ascension d'un sommet (ex : le Newton Toppen au Spitzberg ou le Mac Kinley en Alaska), l'atteinte d'un point mythique (le pôle Nord magnétique, le pôle Nord géographique, le pôle Sud) ou encore la rencontre d'animaux (ex : les loups au Labrador, les ours au Spitzberg ou les bœufs musqués au Groenland). On peut considérer que l'organisation émerge à partir du moment où le projet est affiché d'une manière explicite (*étape 1*). C'est autour de l'objectif que va se rassembler un certain nombre d'acteurs. Traditionnellement, le chef d'expédition, pivot de l'organisation, est celui qui a eu l'idée du projet. C'est lui qui va recruter les autres membres de l'expédition (*étape 2*). Le recrutement est délicat car de nombreux critères doivent se combiner. Mais le projet peut s'arrêter là faute de « combattants » compatibles, puis reprendre deux ans après suite à des rencontres, ou jamais. En fonction du niveau de difficultés de l'expédition, le temps de préparation (*étape 3*) peut être évalué entre six mois et deux ans. Pendant ce temps, le groupe va se documenter, rencontrer des experts, se répartir les tâches, planifier le déroulement idéal de l'expédition, acheter du matériel et le tester, mettre en place des apprentissages individuels et collectifs, monter le dossier administratif et financier ; tout ceci pour pouvoir partir le jour « J ». L'expédition proprement dite (*étape 4*) se déroule sur le terrain sur une période précise encadrée par les trajets aller et retour en avion, sauf incident majeur qui peut obliger l'expédition à s'interrompre et à se voir rapatriée jusqu'à un lieu civilisé. La durée de l'expédition sur le terrain peut être comprise entre huit et soixante jours. L'expédition ne s'arrête pas lors du retour des expéditeurs à leur domicile respectif, mais elle s'achève lorsque les comptes financiers sont clos ainsi que les engagements pris vis-à-vis des sponsors, des partenaires scientifiques ou des organismes ayant subventionné l'expédition (*étape 5*). En fonction des opérations évoquées ci-dessus, l'organisation peut se prolonger quelques mois ou plusieurs années après l'expédition proprement dite. La logistique d'une expédition polaire est par conséquent une *logistique de projet*. Elle commence à se définir dès que l'équipe est constituée (*au tout début de l'étape 3*) et s'achève avec l'expédition (*fin de l'étape 5*). Pour les praticiens, l'expérience logistique acquise lors de précédentes expéditions (*notamment pendant de précédentes étapes 4*) joue un rôle déterminant dans la définition même de l'objectif de l'expédition (meilleure connaissance du champ des possibles). Une certaine reproductibilité des situations incite à capitaliser l'expérience logistique acquise et permet la réutilisation possible de solutions logistiques d'une expédition à l'autre.

La logistique apparaît pour tous comme le problème central d'une expédition polaire et surtout comme un facteur dont la maîtrise conditionne fortement son succès. Pour certains, la logistique s'exprime plutôt en termes de moyens matériels et de choix techniques qui doivent être spécifiques par rapport à l'environnement polaire et dont il faut dresser une liste exhaustive. Pour d'autres, la logistique apparaît essentiellement comme une démarche d'anticipation par rapport à la conduite d'une action. Quelle que soit la variété des positions par rapport à la logistique, ce qui apparaît au fond de l'ensemble des contributions, c'est l'idée d'une préoccupation en termes de mise en œuvre organisationnelle effective.

À première vue, il apparaît nettement que ces pratiques ne sont pas identiques, nous verrons mêmes que les modes d'organisation sont quelquefois complètement « orthogonaux » et orientés par les stratégies des différents chefs d'expédition, mais il est possible de dégager des convergences sur un certain nombre d'aspects. Ainsi, il est possible d'identifier le déroulement d'une expédition polaire comme une suite d'étapes qui se conditionnent mutuellement, une suite d'opérations qui vont s'enchaîner les unes aux autres [Lièvre, 2003] que nous pourrions nommer une chaîne logistique. C'est le propos d'Alain Hubert [2003], qui est le plus explicite sur cet aspect. Il est ingénieur en génie civil de formation, guide de haute montagne et chef d'entreprise. Dans le registre du polaire, il a dans son palmarès : la traversée du Groenland, le pôle Nord, le pôle Sud, la traversée de l'Antarctique et une tentative de traversée de l'Arctique. C'est lui qui développe la vision la plus extensive de la logistique, conçue comme l'ensemble des problèmes d'organisation d'une expédition polaire en intégrant le facteur humain, ce qu'il appelle la logistique « interne ». Il décrit la logistique d'une expédition polaire comme une logistique de projet. « Monter une expédition, écrit-il, c'est comme dessiner un pont ou concevoir un avion, cela reste un fabuleux projet d'ingénieur, c'est-à-dire de concepteur. » Pour Alain Hubert, la logistique de ce type d'expédition comporte trois phases : la visualisation, la préparation et l'exécution. Ces trois phases, poursuit-il, sont toutes importantes et il faut en respecter l'ordre. Dans la phase de visualisation et de préparation, il ne faut pas hésiter à faire des allers-retours entre toutes les solutions logistiques et le déroulement général de l'expédition ; il faut faire appel à des spécialistes et multiplier les lectures, les rencontres et les contacts. Deux ans, pour ces deux étapes, ne sont pas de trop pour des projets comme la traversée de l'Antarctique. Enfin, il conclut en indiquant qu'en situation sur le terrain, il faut être « totalement flexible » pour faire face à l'imprévu, changer de comportement si besoin est et accéder à la confiance en soi permet de trouver avec certitude une solution à toutes les situations. Cette rupture qu'il faut opérer entre une phase de préparation et une phase d'adaptation sur le terrain fait partie des thématiques qui font l'objet d'un consensus chez les experts [Fabbe-Costes et Lièvre, 2002]. Dans le cadre de cet ouvrage, nous ne développerons que deux points : les modalités de construction des chaînes logistiques et les mécanismes d'apprentissage mis en œuvre.

### *Des chaînes logistiques construites et orientées par les finalités des chefs d'expédition*

Il apparaît que, pour un même objectif comme la traversée du Groenland, à la même époque et sur un même itinéraire, différentes manières de s'organiser, c'est-à-dire de concevoir et de mettre en œuvre l'ensemble des opérations successives liées au déroulement de l'expédition (de l'idée du projet en passant par le recrutement des coéquipiers jusqu'au choix de la tente et au déroulement d'une journée type ainsi qu'au déroulement même de l'expédition sur le terrain), apparaissent en fonction de la finalité poursuivie par le chef d'expédition. Nous avons pu identifier quatre finalités que nous avons nommées : exploration-découverte, exploit sportif, plaisir du ski, recherche scientifique [Lièvre, Récopé et Rix, 2003]. Nous avons pu repérer, dans le milieu polaire, quatre experts qui s'inscrivent complètement dans chacune de ses finalités et étudier leurs pratiques à l'aide d'un dispositif d'investigation spécifique [Rix et Biache, 2004 ; Lièvre et Rix, 2005a ; Lièvre, Recopé et Rix, à paraître]. Les chaînes logistiques qu'ils ont construites de retour d'expérience en retour d'expérience, sur une longue période (une dizaine d'années au minimum), s'opposent sur tous les points : mode de recrutement des coéquipiers, choix du matériel, nature de la préparation physique, psychologique, technique, style de *leadership* selon les phases du projet, déroulement d'une journée de progression, stratégie alimentaire, montage du camp... Tout se passe comme si chaque chaîne logistique était orientée vers la finalité poursuivie par l'expert concerné ; mieux, chaque opération est orientée vers cette finalité et en coordination fonctionnelle, en cohérence, avec les opérations en aval et en amont.

Cette notion de finalité est complexe puisqu'elle renvoie aux différentes valeurs des acteurs — des valeurs qui expriment leur sensibilité par rapport à la vie — et que, dans le même temps, on peut la considérer comme un principe organisateur. Nous sommes ici dans une situation de logistique stratégique, c'est-à-dire la construction d'une chaîne logistique orientée par la stratégie de l'organisation, ce qui va lui conférer une certaine valeur. Ce qui donne de la valeur aussi bien à chacune des opérations qu'à l'ensemble de la chaîne, c'est le jugement de « valeur » que porte subjectivement le chef d'expédition en fonction de la direction qu'il veut imprimer à son organisation, jugement qu'il forme en intégrant d'une manière implicite des critères de coûts, de délais et de qualité — la valeur telle que nous l'avons définie ici est très proche de la définition proposée par Lorino [2003, p. 6] : « Ce concept de valeur est subjectif : la valeur est en fait le reflet d'un jugement, soit le jugement porté par ses clients sur la désirabilité de la prestation offerte par l'entreprise, soit un jugement social exprimé à travers des arbitrages institutionnels dans le cadre d'une activité non marchande. » C'est cette orientation stratégique qui va guider les arbitrages à réaliser entre des logiques ou des choix techniques, qui va modeler les apprentissages à effectuer et les « manières de faire » de chaque opération constitutive du

**Topologie des chaînes logistiques selon les finalités**

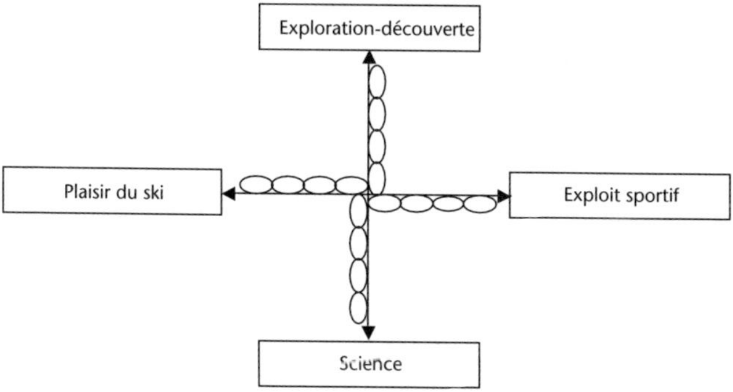


projet. Ces résultats de recherche attirent tout particulièrement notre attention sur deux points : d'une part, l'impossibilité de concevoir une logistique sans une orientation stratégique, d'autre part, le problème de la cohérence entre les sensibilités, les valeurs d'un acteur en charge d'une opération et la stratégie collective de l'organisation. Ce second point revêt un enjeu particulier dans le cadre de l'émergence d'une économie de la connaissance [Foray, 2000] où les acteurs doivent faire preuve d'une grande créativité, qui nécessite une convergence d'intérêt entre l'acteur et son organisation.

*Les mécanismes d'apprentissage mis en œuvre*

Le moyen privilégié d'apprentissage mis en œuvre par les expéditeurs est l'« apprenance » (nous empruntons l'expression à Le Moigne [1996, p. 22] pour désigner une situation où on apprend un savoir qui n'existe pas encore et qui va émerger dans l'action conjointe du faire et de son usage), c'est-à-dire l'apprentissage en situation naturelle au plus près de ce que vont vivre les acteurs dans un futur proche. Cette notion revêt une valeur si importante que tout ce qui n'a pas fait l'objet

**Le choix de la tente : des procédures d'arbitrages différenciées selon la finalité poursuivie**

| **Exploit sportif** | **Exploration** |
|---|---|
| Tout ce qui n'est pas de l'ordre de la progression est une perte de temps. La tente doit se monter très rapidement. | Ce qui est important :<br>– être bien installé ;<br>– la température qu'on peut obtenir sous la tente. |
| **Plaisir du ski** | **Science** |
| Sous aucun prétexte, il ne faut se surcharger. Le poids de la tente est le principal critère de choix. | Facilité d'utilisation. |

d'une pratique ou d'un usage par l'acteur lui-même est suspect, par principe : un outil, un itinéraire, un individu. Ainsi, on ne partira pas sur une expédition engagée innovante, avec le dernier modèle de tente, à la pointe de l'innovation, que vient juste de mettre sur le marché un fabricant et sur lequel, de fait, on n'a pas encore de retour d'expérience ; on préférera cette « vieille » tente, mais encore en état, que l'on a utilisé par tous les temps, un grand nombre de fois et dont on connaît très bien les qualités mais surtout les défauts. Sachant que c'est par rapport aux différentes qualités de cet objet, découvertes pendant son utilisation que l'on a construit, en rapport avec les finalités poursuivies, tout un savoir-faire pour monter cette tente, sous une tempête de neige, avec un vent de 100 km/h et par – 20 °C. Si on ne connaît ni le matériel technique, ni le lieu, ni l'individu, on abandonnera le projet devant tant d'incertitudes. Si, pour une raison ou une autre, on doit partir dans ce type de contexte, on essayera alors de lever ces incertitudes pendant la phase de préparation en se laissant toujours le droit de renoncer *in fine* à l'aventure. On cherchera à rencontrer des individus qui ont utilisé le matériel, qui sont déjà allés dans le lieu ou qui sont déjà partis avec le coéquipier. De plus, on essayera, avant de partir, de se mettre dans une situation similaire mais moins engagée pour apprendre en pratique. On testera la tente dans le Jura pendant une semaine en février dans des conditions proches de celles que l'on risque de connaître ultérieurement à la différence près qu'à une heure de marche, il y a une auberge accueillante. On partira huit jours sous la tente, en janvier, dans les Alpes à 2 000 mètres d'altitude, avec cette personne que l'on ne connaît pas et qui doit partir avec nous pendant un mois en expédition, dans des conditions météo proches de celles que l'on va connaître prochainement. Ainsi, la règle qui s'applique lorsqu'on monte une expédition est d'évaluer le niveau de connaissance pratique de l'équipe relativement aux objets techniques, aux lieux et aux conditions climatiques, et enfin en rapport avec elle-même en tant qu'un collectif constitué. Si ce niveau de connaissances pratiques est trop faible, on reste chez soi ou on part pour réaliser une expédition « apprenance », on passe huit jours au Canada en avril autour d'un village Inuit. Les propos d'Antoine Cayrol, guide de haute montagne, membre du Groupe militaire de haute montagne de Chamonix (GMHM), l'excellence au niveau mondial en matière d'alpinisme, ont été particulièrement clairs sur cette thématique. La préparation de l'expédition au pôle Nord géographique a débuté pour le GMHM par la réalisation d'un état des savoir-faire acquis au cours des expéditions antérieures en haute altitude et d'une évaluation en termes d'écart avec ceux que le groupe devrait acquérir pour atteindre le pôle Nord. Selon lui, il y a trois types d'« apprentissage en situation » à réaliser pour des alpinistes himalayistes avertis qui veulent tenter ce genre d'aventure polaire : le *froid*, la *durée* et la *banquise instable*. Il s'agit de se mettre progressivement en situation réelle pour apprendre. Aussi, les expéditeurs vont préparer cette expédition au pôle Nord géographique par la réalisation de trois autres expéditions. Pour apprendre le *froid*, ils partent en Terre de Baffin au mois de janvier « pour réaliser un raid de quinze jours où ils vont acquérir les connaissances découlant d'un froid de – 38 °C en moyenne ». Ainsi, ils peuvent tester leur premier choix technique en matière de sac de couchage, de tenue vestimentaire, de ration alimentaire (nombre de calories nécessaires), et les ajuster par la suite. Pour le montage du camp, ils ont mis progressivement au point une technique sans construction de mur de protection. Pour apprendre la *durée*, ils effectuent une traversée de la calotte de glace du Groenland sur 1 000 km. Comment faire face aux problèmes psychologiques liés à la monotonie du terrain ? En s'y préparant et en s'y confrontant. Par ailleurs, le fait que ce soit toujours les mêmes muscles qui travaillent provoque des phénomènes d'usure. Ainsi, au bout de 500 km, des problèmes tendineux apparaissent. Cette expédition permet aussi d'achever la préparation sur le plan alimentaire. Enfin, pour apprendre une *banquise instable*, un séjour fin avril à la pointe des îles Ellesmere (Canada) permet à l'équipe de se confronter à une banquise en pleine transformation : apparition de chenaux d'eaux libres, dégel-gel-dégel, alternance de zones chaotiques et plates... C'est au cours de ce raid qu'ils se rendent compte que les pulkas choisis ne sont pas assez solides pour franchir des crêtes de compression de trois mètres de hauteur. Ainsi, c'est le savoir-faire détenu par un acteur à un instant « t » qui permet de faire face aux problèmes posés par une expédition. L'acquisition de ce savoir-faire consiste à se confronter successivement et progressivement à des situations plus simples pour apprendre. Dans le cas évoqué par Antoine Cayrol, il s'agit d'un acteur collectif, puisque c'est la même équipe qui, après avoir réussi l'Everest, s'attaque au pôle Nord et par la suite atteindra le pôle Sud. Il est possible de dégager des enseignements de ces différentes expériences pour qui veut monter une expédition polaire, mais on peut aussi pousser l'abstraction à un niveau plus élevé et interroger cette histoire singulière du point de vue d'une « organisation apprenante ».

Il faut envisager la mise en œuvre d'une organisation, dans un nouveau contexte donné (A), en fonction de l'état des savoir-faire détenus par les acteurs en charge de cette organisation, à un instant « t », mis en rapport avec ceux qui devront être mobilisés effectivement pour « faire face » au contexte (A) : ce principe, ayant une valeur « plausible », se situe à un niveau de généralisation qui vaut aussi bien pour une entreprise, une armée ou un hôpital, en sachant qu'il y a toujours un travail de recontextualisation à opérer en fonction de la situation singulière désignée pour le mettre en œuvre.

# V / La logistique comme une démarche d'ingénierie organisationnelle

L'objet de ce chapitre est de reprendre les différents fils que nous avons tissés tout au long de cet ouvrage pour essayer de dresser les contours de cette discipline en voie de constitution qu'est la logistique. Nous montrerons que cette construction, dans une perspective de « reliance » au sens d'Edgar Morin [1990], est possible dans le cadre d'une démarche d'ingénierie organisationnelle [Le Moigne, 1990 ; David, 2000] qui prend comme point de référence une science de conception (encadré 11) selon Herbert Simon [1991].

## Principaux résultats issus de cette « quête » de la logistique

La recherche des fondements de la logistique, développée dans le chapitre I, nous a entraînés sur deux territoires distincts renvoyant à deux idées relativement opposées, ayant des ramifications jusqu'à aujourd'hui : d'un côté, une logistique « mathématique » ayant des velléités pratiques, de l'autre, une logistique « stratégique » prêtant une grande attention au problème de la mise en œuvre. D'un côté, l'idée sous-tendue est que la logistique constitue un raisonnement « formel » à même de résoudre des problèmes pratiques. Nous sommes dans le registre de l'optimisation logistique. Le vrai

### Encadré 11. Science de conception et science d'analyse

Herbert Simon [1991] propose d'opérer une distinction majeure entre les sciences naturelles et les sciences artificielles, c'est-à-dire les sciences des choses construites par les hommes (des artefacts). Les sciences naturelles ont pour objectif d'expliquer les phénomènes naturels, de rendre compte des choses telles qu'elles sont : ce sont des sciences qui reposent sur la méthode analytique, ce sont des sciences d'analyse. Les sciences des artefacts, les sciences de conception ont un projet différent puisqu'il s'agit de construire quelque chose qui n'existe pas et de le faire advenir. Elles s'intéressent non pas aux choses comme elles sont, mais comme elles pourraient être. De fait, les règles du jeu sont modifiées : l'analyse en tant que méthode ne peut être la référence. Un médecin, un ingénieur, un architecte, un gestionnaire ont un point commun : ce sont des concepteurs. Ils doivent tous résoudre le même problème : comment concevoir un artefact (une prescription, une machine, un bâtiment, une organisation) qui puisse satisfaire un but donné, dans un environnement donné ? Pour concevoir, ils peuvent mobiliser des savoirs analytiques, mais le savoir de conception n'est pas l'application d'un savoir analytique. Le travail de l'ingénieur et du physicien, du médecin et du biologiste est différent. Les premiers conçoivent, les seconds analysent. Pour bien faire comprendre que la conception n'est pas la simple application d'une science de l'analyse, nous pouvons rappeler que les ingénieurs ont construit des avions qui volent bien avant que l'on ne dispose des théories physiques permettant de rendre compte de ce type de situation : comment un objet plus lourd que l'air peut-il voler ?

« logistique » réside dans l'usage de la logique formelle. De l'autre côté, l'idée est de poser la nécessité de coupler stratégie et mise en œuvre, dès la phase de conception, dans toute action. Dans cette perspective, la logistique est appréhendée comme une stratégie de la mise en œuvre organisationnelle où une grande attention est portée au retour d'expérience. Le vrai « logistique » est le faire même. C'est l'effectivité organisationnelle, le fait de l'avoir effectivement réalisé, qui est la source du savoir. Ces deux perspectives sont opposées. En radicalisant, on peut dire que l'une renvoie à la science mathématique appliquée, l'autre à l'expérience humaine. D'un côté, l'homme est la source des erreurs, de l'autre, l'homme est la solution.

Ces deux branches de la logistique ont aujourd'hui des filiations, respectivement au sein des sciences de l'ingénieur et des sciences de gestion, même si, comme nous l'avons vu, elles doivent faire respectivement un pas de côté en direction de la logistique pour affirmer leur ancrage organisationnel (pour les sciences de l'ingénieur, il s'agit de passer de la balistique à la maïeutique [Berry, 1996], pour les sciences de gestion, il s'agit d'intégrer l'activité humaine [Teulier et Lorino, 2005b]). L'histoire du développement de la logistique d'entreprise, évoquée dans les chapitres I et II, depuis les années 1950 met en évidence que le champ de la logistique ne peut être celui de l'ingénierie pure, celui de la technique, mais celui de l'organisation conçue comme l'action de s'organiser, dans toute son effectivité, dans ses dimensions à la fois techniques et humaines. Par ailleurs, la logistique conçue initialement comme une technique de rationalisation des flux au sein de l'entreprise ne répond pas complètement aux attentes des dirigeants. Sous l'influence du contexte économique, des modes de management et des évolutions technologiques, elle voit alors son périmètre d'action s'étendre de plus en plus et surtout elle passe progressivement d'une gestion des flux à une gestion par les flux. Elle devient une manière de modéliser une organisation par les flux qui prend la forme d'une chaîne logistique ouverte sur son environnement ; celle-ci deviendra, enfin, une chaîne de valeur à même de constituer une arme concurrentielle pour l'entreprise. En une trentaine d'années, la logistique d'entreprise passe du domaine de la technique à celui de la gestion et, dans le même temps, sa préoccupation n'est plus la gestion des flux en tant que telle, mais plutôt la gestion par les flux. Comme le montre le chapitre III, le logisticien a une « boîte à outils ». Mais ces outils sont « empruntés » : ils sont issus des sciences de l'ingénieur, des sciences de gestion, mais aussi de la pratique. Ces outils vont être largement « bricolés » pour les adapter au contexte d'utilisation, sachant que seule l'épreuve du terrain vaut. Ainsi, la spécificité de la logistique n'est pas dans l'usage de ces différents outils, mais elle renvoie plutôt à une certaine philosophie de l'organisation : une manière de modéliser une organisation, de la rationaliser à partir des flux, pour la piloter. Les outils usités ne sont que des moyens adaptés à un moment et à un endroit donné. Dans le chapitre IV, la logistique est apparue comme un savoir de la mise en œuvre, issue d'une pratique réflexive des acteurs dans des contextes diversifiés : le militaire, l'hôpital, le travail social... De fait, tout champ de pratique peut être une source de savoir logistique, de par l'expérience acquise et capitalisée sur des problèmes de mise en œuvre. Pour illustrer cette perspective, nous avons investi la logistique de l'exploration polaire montrant la richesse contenue dans les journaux de bord des explorateurs lors de leurs réussites mais aussi lors de leurs échecs. Nous avons montré qu'il était possible à l'aide de dispositifs spécifiques d'aller plus avant dans l'investigation des pratiques en explicitant une partie des connaissances tacites mobilisées par les acteurs en situation. Par ailleurs, ces savoirs acquis sur des cas singuliers dans des secteurs différenciés peuvent faire l'objet d'une généralisation à condition d'aborder chaque cas à la fois dans sa singularité mais aussi dans sa généralité sur le plan organisationnel. C'est vers cette double perspective de « connaissance en actes » et de généralisation qu'il nous semble pertinent de positionner la logistique en référence aux récents développements de la recherche en gestion [David, Hatchuel et Laufer, 2000].

## Quatre polarités de la logistique

L'ensemble du travail engagé autour des définitions de la logistique nous a conduits dans des domaines variés : les mathématiques, le militaire et l'entreprise. La logistique est apparue dans toute sa variété, dans toute sa complexité. En radicalisant, il nous semble possible d'identifier quatre manières d'aborder la logistique que l'on peut décliner comme des polarités opposées. Nous les avons nommées : optimisation logistique, logistique stratégique expérientielle, gestion

**Les quatre polarités de la logistique**

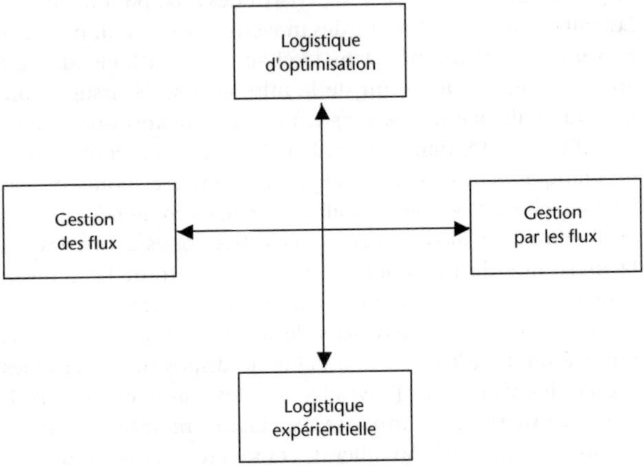


des flux, gestion par les flux. Il est possible d'opposer ces différentes polarités autour de deux axes : l'axe vertical qui oppose une logistique d'optimisation à une logistique expérientielle, l'axe horizontal qui oppose une gestion des flux à une gestion par les flux. Ces polarités dessinent les contours d'une carte de la logistique.

Revenons sur les oppositions entre ces différentes logistiques. En premier lieu, une opposition entre une optimisation logistique et une logistique expérientielle. Comme nous l'avons évoqué, d'un côté, le registre de l'optimisation logistique est celui d'une mobilisation d'une logique « mathématique » pour résoudre des problèmes pratiques, de l'autre, la logistique expérientielle prend sa source dans l'expérience acquise sur le terrain, à partir des capacités réflexives des acteurs eux-mêmes engagés dans ce type d'action. D'un côté, le « vrai » de la solution logistique repose sur la mobilisation de la logique formelle pour répondre à un problème pratique, de l'autre, le « vrai » de la solution logistique repose sur la capitalisation de l'expérience humaine en matière de mise en œuvre organisationnelle. Nous sommes en présence de deux logiques de rationalisation différentes. Il est possible de mobiliser d'une manière indépendante ces deux formes de rationalité : pour le même problème du tracé du voyageur de commerce dans le département du Cantal, on peut utiliser un algorithme de chemin le plus court ou on peut mobiliser les connaissances d'un représentant qui a en charge ce département depuis dix ans. Sur l'axe horizontal, deux conceptions de la logistique issues de l'entreprise s'affrontent : la gestion des flux et la gestion par les flux. Dans le cadre d'une logistique en termes de gestion des flux, on part du fait qu'il y a des flux physiques (des marchandises, par exemple) entre l'organisation et son environnement, et même au sein de l'organisation, et qu'il est possible de les rationaliser à partir de critères identifiés comme la réduction des coûts ou l'atteinte d'une certaine « qualité ». Dans cette tentative de rationalisation, on sera amené à appréhender le flux d'information qui pilote le flux physique. Cette rationalisation est au service de la stratégie de l'entreprise. On parle d'une *stratégie logistique*. Dans l'esprit d'une gestion par les flux, la problématique est fort différente puisqu'il s'agit de se doter d'une modélisation globale de l'organisation à partir de la notion de flux pour piloter l'organisation. Il s'agit de modéliser le fonctionnement de l'organisation en termes de processus allant jusqu'à rendre compte de l'enchaînement des opérations élémentaires. La stratégie de l'organisation va se développer à partir du potentiel organisationnel : c'est la *logistique stratégique*. Il est possible de combiner ces différentes logiques et ces différents rapports comme cela apparaît sur la carte : on peut repérer ainsi différents secteurs selon les combinaisons opérées.

Le secteur Nord-Ouest représente plutôt la position des sciences de l'ingénieur, le secteur Sud-Est plutôt la position des sciences de gestion.

### Le fonds commun des différentes logistiques

Au-delà de ces différences, il est possible d'identifier des points de convergence qui constituent le fonds commun de la logistique, ce que nous avons appelé sa philosophie particulière de l'organisation.

Premier point commun : le champ de la logistique est l'organisation, c'est-à-dire toute l'organisation, dans sa dimension aussi bien technique qu'humaine. Lorsque nous parlons d'organisation, il ne s'agit ni du champ qui relève de l'ingénierie pure à caractère instrumental, matériel au sens de Hatchuel et Weil [1992], détachée d'une philosophie gestionnaire et de préoccupations de mise en œuvre dédiée à des acteurs, ni de la gestion pure détachée de toute considération technique, de toute configuration matérielle de l'organisation et de l'activité humaine au sens de Lorino [2003], mais bien d'une combinaison des deux. On comprend pourquoi la logistique s'est développée à l'interface des sciences de gestion et de l'ingénieur. Il s'agit de prendre en compte l'opérationnalisation concrète de l'organisation en appréhendant le « faire », dans ses dimensions tant technique qu'humaine.

Deuxième point commun : la finalité de la logistique est le pilotage de l'organisation dans toute son effectivité et dans toute son immédiateté. Comment démarrer le chantier demain matin ? Comment débuter la réunion cet après-midi ? Comment rédiger ce papier ce matin ? Comment réaliser le projet dans l'échéance prévue ? Voilà les questions qui assaillent le logisticien. C'est la nature de ces interrogations qui donne à la logistique son caractère délibérément pragmatique : la « bonne » solution pour demain n'a pas d'intérêt, si je dois commencer ce matin. De plus, chaque opération doit être orientée par la stratégie de l'organisation. Nous sommes dans une perspective de pilotage stratégico-opérationnelle, c'est-à-dire la volonté de mettre en permanence une boucle à caractère interactif entre l'opération la plus physique, la plus élémentaire qui soit de l'organisation et le niveau stratégique. En se rappelant que ce pilotage relève toujours du management des hommes. Comme nous l'avons affirmé à plusieurs reprises, il n'y a pas de détail en logistique aussi bien sur le plan technique que sur le plan humain. Que cette ampoule de vidéoprojecteur « lâche » au mauvais moment, et c'est tout le déroulement de ce colloque qui se trouve paralysé ; pourtant, l'endroit choisi est splendide : un manoir, dans une nature sauvage à l'écart de tout, et de fait à l'écart de toutes possibilités d'accéder rapidement à une ampoule de rechange. Et que penser de ce beau schéma de l'organisation sur lequel ont beaucoup travaillé des ingénieurs très compétents, enfermés pendant plusieurs semaines dans leur bureau, mais auquel ne croit pas du tout le responsable de service chargé de sa mise en œuvre et qui, de fait, va rester « lettre morte » ?

Le troisième point commun est relatif à une certaine modélisation de l'organisation. Nous entendons ici par modélisation le fait de se doter d'une représentation, au sens large, de la réalité (une photo en quelque sorte) en fonction d'un but [Le Moigne, 1990[1]]. Cette représentation peut prendre différentes formes : des équations, un schéma, un texte... Elle peut aussi être plus ou moins explicite. Cette modélisation repose sur deux notions : celle de système (encadré 12) et celle de flux (encadré 13) qui vont amener à appréhender l'organisation, dans son « fonctionnement », comme un processus c'est-à-dire comme un enchaînement d'opérations dans le temps visant un résultat désiré. C'est l'idée d'une chaîne logistique, qui est avant toute chose une chaîne d'opérations quelle que soit la nature de ces opérations : des opérations liées à un flux physique (par exemple, transporter des marchandises) ou à un flux d'information (par exemple, traiter des commandes). Cette manière de concevoir l'organisation dans son action

1. Plus précisément, Jean-Louis Le Moigne [1990, p. 5] propose de décliner la modélisation comme une action d'élaboration intentionnelle, par composition de symboles, de modèles susceptibles de rendre intelligible un phénomène perçu comme complexe et d'amplifier le raisonnement de l'acteur projetant une intervention délibérée au sein du phénomène ; ce raisonnement vise notamment à anticiper les conséquences de ces projets d'action possibles.

## Encadré 12. Logistique et systémique

La relation est profonde entre la logistique et la systémique ; illustrons cette proximité à partir de travaux d'origine différente. Du côté des sciences de gestion, des auteurs comme Tixier, Mathe et Colin inscrivent leur approche de la logistique explicitement dans une perspective systémique du management, mobilisant largement l'analyse de système [1996, p. 11-12] à la suite de nombreux travaux nord-américains (Magee, Hesket...). Du côté des sciences de l'ingénieur, Yves Pimor, auteur d'un volumineux manuel technique [2001, p. 50], identifie les travaux de Jay W. Forrester sur la dynamique de système comme la « bible universitaire » de la logistique en mettant au centre de son approche la notion de système, de flux et de boucles. L'idée de système est utilisée ici d'une manière classique, au sens de Walliser [1997], pour exprimer le caractère interdépendant des différents éléments de l'organisation et de mise en évidence des possibilités de cohérence ou d'incohérence entre eux à un niveau global. Un système fait preuve de cohérence lorsque émerge au niveau du tout des propriétés qui ne sont pas strictement la somme des propriétés intrinsèques des éléments, ce qu'on appelle d'une manière plus commune : une synergie. On évitera les incohérences qui vont profondément abaisser le niveau de performance globale à cause d'un seul élément défaillant.

effective d'organisation, dans son déroulement, est la conséquence d'une évolution théorique autour de la notion de système, de flux et de processus (Bateson, Simon, Forrester, Le Moigne, Mélèse, Sfez, Lorino) dont le point de départ est la cybernétique [Wiener, 1952] (encadré 14). Il y a une grande variété de manières de modéliser un processus en fonction d'un objectif donné. Les différents auteurs que nous avons nommés précédemment ont tous développé leur propre modèle et il en existe d'autres, sans compter tous les praticiens qui ont fait de même. Certains vont se centrer sur les flux physiques (comme Porter), d'autres sur les flux d'information (comme Clark et Fujimoto). Comme le défend à propos de l'entreprise Philippe Lorino [2003], la complexité d'un processus organisationnel est telle qu'il ne se laisse pas réduire à une seule manière de le modéliser. Néanmoins, on peut dire que la logistique s'appuie globalement sur une hypothèse de modélisation (voir schéma ci-dessous) issue des travaux de Simon [1991] et reprise par Le Moigne [1990] selon

**Une hypothèse de modélisation de l'organisation selon Herbert Simon**

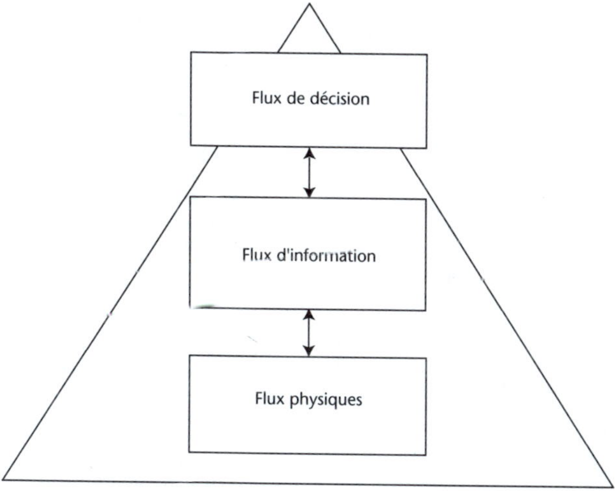


laquelle il est possible de modéliser toute organisation comme la mise en relation entre trois systèmes : le système opérant (les opérations de base du système qui renvoient aux flux physiques), le système d'information (les flux d'information qui pilotent les flux physiques) et le système de décision (la stratégie de l'organisation). En d'autres termes, un flux de décision pilote un flux physique *via* un flux d'information[2].

Le quatrième point commun à ces différentes approches de la logistique est de constituer une démarche de rationalisation organisationnelle qui est toujours une « mise en ordre » d'un certain point de vue avec une perspective d'amélioration par rapport à une situation initiale. Nous avons vu dans

2. Ces fondements ont donné lieu au développement de la méthode MERISE. Pour une mise en œuvre de cette méthode dans le cadre d'une modélisation du processus logistique, voir Fabbe-Castes [2003].

## Encadré 13. Mais qu'est-ce qu'un flux ?

On appelle « flux » le déplacement d'une entité M d'un point A à un point B. L'image traditionnelle que l'on a d'un flux est celle d'un fluide qui se déplace sur un support ou dans un réseau. On parle de flux de marchandises, de flux de véhicules, de flux d'information. On mesure un flux comme un fluide, par son débit : un flux de véhicules sur une autoroute, 5 000 véhicules/jour ; le flux d'une rivière, 3 000 $m^3$/seconde ; un flux de produit fini à la sortie d'un atelier, 250 moteurs/jour... Il y a un débit minimal ou maximal ou nul. Le débit maximal est identifié par la capacité du support sur lequel circule le flux. Une des particularités d'un fluide dans un réseau est qu'il peut passer très rapidement du débit maximal au débit nul : par exemple, un « bouchon » sur une autoroute. Un flux peut être classiquement discret ou continu, régulable ou prévisible. En logistique, on distingue principalement deux types de flux : les flux de matière comme les marchandises, et les flux d'information comme les bons de commande entre un client et son fournisseur. L'idée générale est que ce sont les flux d'information qui pilotent les flux de marchandises. On peut intégrer d'autres flux dans le modèle comme les flux financiers, mais on peut aussi donner une autre dimension à des flux plus classiques comme les flux d'information. On appréhende classiquement les flux d'information comme des flux physiques, ce qui est une conception très restrictive de la notion d'information qui est alors considérée comme une donnée, c'est-à-dire un message compréhensible par tout un chacun. Lucien Sfez [1992] a bien montré qu'il y avait deux grands paradigmes en matière de communication (la communication représentative et la communication expressive) qui renvoient à deux conceptions différentes de l'information et de l'organisation : une information-message où tout est contenu dans le message et une information-interprétation où le contexte et les liens entre les acteurs sont essentiels pour saisir le sens du message. Penser les flux d'information comme des flux physiques est un cadre théorique recevable dans une perspective de « gestion des flux ». En revanche, celui-ci n'est plus valide si on veut gérer une organisation par les flux. Selon Grégory Bateson [1980], c'est un non-sens que de vouloir aborder les problèmes de communication dans une organisation dans un référentiel strictement énergétique, à l'écart de la signification de l'information pour les acteurs en situation. Il s'agit donc d'appréhender l'activité proprement humaine dans une organisation, dans son versant subjectif : la signification pour les acteurs dans le déroulement de l'action doit être intégrée dans la modélisation. Il s'agit d'intégrer les flux expérientiels au sens de Karl Weick, les flux de signification au sens de Jacques Theureau [2006]. L'intégration de ce type de flux suppose la mobilisation d'autres cadres de référence tels que le cadre interprétatif et sémiotique selon Lorino [2003], un référentiel « inforgétique » au sens de Le Moigne [1990]. Ce problème se pose actuellement avec une grande acuité dans les tentatives de « traçabilité totale* » de l'organisation dans des secteurs tels que l'hôpital [Fabbe-Costes et Romeyer, 2004].

* La « traçabilité totale » peut être définie comme la possibilité d'avoir en temps réel une information sur le fonctionnement d'une organisation en termes de flux. Au départ, il s'agissait uniquement de pouvoir identifier l'origine et de reconstituer le parcours d'un produit.

### Encadré 14. De la cybernétique à la modélisation des systèmes complexes

À partir du moment où l'on modélise une organisation en termes de flux physiques et d'information dans une perspective de pilotage, on entre dans le domaine de l'approche systémique et plus particulièrement dans celui de la cybernétique : une discipline fondée par Norbert Wiener en 1948. Cette discipline est le fruit de la rencontre entre des mathématiciens, des physiciens, des biologistes et des psychologues. C'est une nouvelle conception de la machine qui émerge : une machine à information comme l'exprime Raymond Ruyer [1954, p. 5], une machine « vivante » que l'on peut réguler en fonction d'un but. C'est l'information circulante qui détermine le comportement du système en réalisant des boucles de rétroaction dans le fonctionnement du système. L'image du thermostat d'une chaudière dans une maison est une bonne illustration de ce type de modélisation. L'objectif est de maintenir la température de la maison à 20 °C. On équipe la maison de capteurs qui vont enregistrer les modifications de la température à l'intérieur de la maison. Dès que la température baisse en dessous de 20 °C, cette information est envoyée à la chaudière qui se met alors en marche. Dès que la température de la maison atteint les 20 °C, cette information est envoyée à la chaudière qui s'arrête. Ainsi apparaît un phénomène d'autorégulation dans une organisation par rétroaction de l'information. C'est Norbert Wiener qui va dégager conceptuellement la notion d'information qui n'est ni de l'énergie ni de la matière.

Jean-Louis Le Moigne [1990, p. 164-165], dans son histoire de la modélisation, parle du paradigme cybernétique comme intégrant le paradigme de la mécanique rationnelle et celui de la mécanique statistique, mais aussi comme d'une étape nécessaire à l'émergence d'une modélisation systémique complexe en le couplant à l'approche structuraliste de Jean Piaget [1967]. Cette précision est d'importance parce que nous montrerons par la suite que le cadre d'intelligibilité proposée par Jean-Louis Le Moigne [1990] rend possible une communication entre les différentes polarités de la logistique.

le chapitre II que la démarche logistique dans ses différentes phases pouvait toujours se résumer à une démarche de rationalisation. La logistique est bien un « mythe rationnel » pour reprendre l'expression d'Hatchuel. Cette rationalisation peut emprunter des voies différentes comme l'optimisation logistique où le « vrai » provient de la mobilisation d'un modèle formel et la logistique stratégique expérientielle où le « vrai » provient de l'expérience du « faire ». Ces deux approches sont opposées, mais

### Encadré 15. Les diverses formes de rationalité : la recherche d'une aiguille dans une meule de foin

Herbert Simon [1986] nous propose un exemple fameux pour appréhender la distinction à opérer entre une rationalité de type « optimisation » et une rationalité de type « satisfaisante » conditionnée par les limites cognitives de l'acteur en situation. Simon parle d'une rationalité limitée, procédurale, pour exprimer ce type de raisonnement. Une personne vient de perdre un bouton à côté d'un tas de foin et elle cherche une aiguille pour le recoudre. Dans une logique de rationalité d'optimisation, la personne va « plonger » dans le tas de foin jusqu'à extraire toutes les aiguilles d'une manière exhaustive. Ces aiguilles feront alors l'objet d'une comparaison systématique selon un critère de performance déterminé à l'avance (comme la plus pointue ou la plus solide). L'aiguille qui est choisie est celle qui obtient la valeur la plus élevée : cette solution est optimale. Simon exposera toutes les difficultés de fonctionnement dans ce type de raisonnement et montrera qu'il est tout aussi rationnel pour la personne en question d'utiliser la première aiguille qu'elle trouvera dans le tas de foin. Le raisonnement s'effectue dans un temps donné et avec une certaine information : pourquoi continuer l'exploration de la meule de foin puisqu'une aiguille convient, peut-être pas la meilleure, mais qui convient ? On peut aussi pousser le raisonnement jusqu'à intégrer des formes de rationalités qui sont liées au contexte, à la subjectivité de l'acteur en cause. On peut imaginer ainsi qu'un acteur un peu habile et pressé utilisera le premier petit bout de bois pour effectuer cette réparation qui sera provisoire ou abandonnera simplement le projet. La science économique, la recherche opérationnelle ont largement développé des rationalités d'optimisation ; les sciences de gestion, la sociologie de l'organisation se sont positionnées plutôt dans le champ d'une rationalité limitée ou procédurale ; enfin, certains chercheurs comme Karl Weick [2003] s'intéressent aux « rationalités » indigènes, endogènes aux acteurs en situation.

ceci ne signifie pas que l'on ne puisse pas les combiner à condition de se doter d'une grille permettant de les relier à un niveau « méta ». Il existe aussi d'autres formes de rationalisation comme celles développées par Simon [1991] (encadré 15).

Enfin, dernier point commun, la chaîne des opérations constitutives du fonctionnement de l'organisation est orientée pour aboutir à un certain résultat avec un niveau de performance donné : c'est ce que nous pouvons appeler une chaîne de valeur. Ce qui fait la valeur de cette chaîne est la performance attendue

## Encadré 16. Une illustration d'un principe logistique générique : la distinction « flux poussés » et « flux tirés »

Comme nous l'avons vu dans l'histoire du développement de la logistique d'entreprise, c'est dans l'industrie automobile japonaise qu'est née toute une philosophie de la production : le juste à temps, dans les années 1980, en opposition à une logique de production d'origine américaine, planifiée à partir de la prévision des ventes (MRP), en application dans les années 1960. On se rappellera aussi que l'inventeur du JAT, Ohno, s'est inspiré d'une méthode utilisée dans la logistique de distribution. De cette histoire de l'industrie automobile, la logistique a dégagé des principes d'organisation en termes de flux poussés et de flux tirés qui ont une portée générique, c'est-à-dire que l'on peut tenter de recontextualiser dans n'importe quelle situation organisationnelle. Nous proposons d'illustrer ici ce principe générique sur la gestion du temps d'une famille. Les familles qui sont à l'heure sont généralement à l'heure. Celles qui sont en retard sont généralement en retard. Quel que soit le contexte, les Martin sont à l'heure et les Durand sont en retard. Pourquoi ? D'un point de vue logistique, les Martin fonctionnent en flux tirés alors que les Durand fonctionnent en flux poussés. Fonctionner en flux tirés, cela signifie que l'on réfléchit de l'aval vers l'amont des opérations. Fonctionner en flux poussés, cela veut dire que l'on réfléchit de l'amont vers l'aval des opérations. Les Martin sont à l'heure, ils fonctionnent en flux tirés. Cela signifie que leur réflexion part de l'heure d'arrivée chez leurs amis : ils ont rendez-vous à 12 h 30. À cette heure-là, pour parcourir les 20 km qui les séparent de la maison de leurs amis, il faut compter 40 minutes. Et ils vont réfléchir à l'enchaînement des opérations jusqu'à décider de l'heure du lever. Ils vont aussi intégrer, dans l'heure du coucher de la veille, l'heure du lever. De façon effectivement qu'à l'heure du lever, ils vont se lever. Pour les Durand, le fonctionnement est en flux poussés. Ils savent bien qu'ils doivent être à 12 h 30 chez leurs amis. Mais aucune anticipation ne va être mise en place à rebours pour enchaîner les opérations. Ils vont se coucher tard, alors qu'ils avaient promis à des amis d'aller faire un footing à 7 heures. Incapables de se lever à 7 heures, ils sont partis à 8 heures. Ils ont rencontré d'autres amis sur le trajet du footing et ils ont discuté 20 minutes avec eux. Ils sont revenus à leur maison à 10 h 30. Le temps de prendre une douche, de déjeuner, de faire un peu de lessive et d'aider les enfants à finir leurs devoirs, il est 12 h 15. Ils doivent aller prendre un gâteau à la pâtisserie. À cette heure-là, il y a du monde dans le magasin et pour payer c'est la cohue. Ils ne partiront que vers 12 h 50 et arriveront chez leurs amis à 13 h 30, en ayant « grillé » un feu de signalisation. Il n'y a pas une supériorité « intrinsèque » en matière de logique d'organisation des flux tirés sur les flux poussés, mais il y en a une dès que l'on se trouve confronté à une situation présentant une certaine incertitude : sur le déroulement du programme de la journée, liée à l'irruption d'événements inattendus, autour de la coordination des différents plans des acteurs...

qui résulte de la qualité intrinsèque de chacun de ces maillons mais aussi des liaisons entre eux. Cette chaîne de valeur peut être orientée vers le client dans le cas d'une entreprise, c'est le pilotage par l'aval. L'histoire du juste à temps chez Toyota est exemplaire de ce type de logique de fonctionnement. La logistique a dégagé des principes génériques en matière d'organisation de cette chaîne en proposant de distinguer les modes d'organisation en flux poussés et en flux tirés (encadré 16). La règle qui prévaut est de pousser les flux que l'on peut prévoir, que l'on peut anticiper, et de tirer les autres.

## Pour une nouvelle définition de la logistique

La logistique est une discipline en voie de constitution qui prend la forme d'un savoir enseignable centré autour d'une thématique que nous avons nommée la *stratégie de la mise en œuvre organisationnelle*, sous un angle générique et dans une perspective de prescription. Elle constitue une classe de techniques managériales dont le point fixe est constitué par une certaine philosophie de l'organisation dont la particularité est de modéliser une organisation comme un processus d'action. La logistique s'est construite à mi-chemin entre des pratiques réflexives de mise en œuvre issues de domaines variés (l'entreprise mais aussi d'autres formes d'organisation comme l'armée ou l'expédition polaire par exemple), et un corpus enseignable autour de la « gestion des flux », issu des sciences de gestion et de l'ingénieur. Ainsi, le savoir en voie de constitution repose à la fois sur des connaissances pratiques qui ont fait l'objet d'une explicitation et de savoirs académiques produits selon des règles disciplinaires établies.

Dans cette perspective, nous définissons la logistique comme une technologie de rationalisation d'une organisation en vue de son pilotage. Cette organisation fait l'objet d'une modélisation en termes de processus à même de rendre compte des interactions entre des flux d'information et des flux de matière. La modélisation est orientée par le projet du logisticien vis-à-vis de l'organisation et prend comme base les processus d'action des acteurs en situation effective. Explicitons les termes de cette définition. Nous considérons la logistique comme une technologie, au sens des sciences de conception [Simon, 1991], pour signifier que l'objectif de cette discipline est de concevoir des dispositifs capables de répondre à des problèmes organisationnels identifiés tout en rappelant qu'ils sont à construire et qu'ils ne sont pas donnés. Cette démarche peut être décrite comme une tentative de rationalisation d'une organisation, c'est-à-dire de « mise en ordre », mais il s'agit d'un arrangement qui s'exprime toujours d'un certain point de vue [Fabbe-Costes et Lièvre, 2002]. Ainsi, il est possible de distinguer différents types de rationalité : substantive en termes d'optimisation, limitée parce que procédurale [Simon, 1991], contextuelle parce que complètement endogène à l'organisation considérée en situation [Weick, 2001]. La mobilisation de ces différentes rationalités doit s'exprimer en fonction de la nature du problème. Par ailleurs, il est possible de les combiner. Cette mise en ordre répond à une réelle préoccupation stratégique. Pour effectuer cette rationalisation, l'organisation est modélisée, sous un angle spécifique, en termes de processus — comme le précise Jean-Louis Le Moigne [1990, p. 48] : « On peut représenter un processus ou un complexe d'action par l'articulation ou la composition de trois fonctions archétypes : la fonction de transfert temporel (stockage, mémorisation...), la fonction de transformation morphologique (fabrication, traitement...) et la fonction de transfert spatial (transport, transmission) —, comme la combinaison d'opérations élémentaires de transfert temporel (stockage, mémorisation), de transfert spatial (transport, transmission) et de modification morphologique (production, traitement). Ce sont les flux d'information (mémorisés, transmis, traités) qui pilotent les flux physiques (stockés, transportés, modifiés) (voir tableau ci-dessous). Cette modélisation est orientée par le projet explicite poursuivi par le modélisateur et prend comme base les processus d'action des acteurs en situation « ici et maintenant », tels qu'ils sont vécus subjectivement par eux-mêmes. La modélisation sera toujours un « bricolage » entre une démarche exogène, descendante, collective et une

**Processus et flux d'après Le Moigne**

| Nature du flux | Fonctions archétypes d'un processus | Opération de transfert spatial | Opération de transfert temporel | Opération de transformation morphologique |
|---|---|---|---|---|
| Flux d'information | | Transmission | Mémorisation | Traitement |
| Flux physiques | | Transport | Stockage | Transformation |

*Source* : Le Moigne [1990].

démarche endogène, ascendante, individuelle. Le critère de scientificité de l'exercice de modélisation reposera alors sur la capacité du modélisateur à expliciter le cheminement de construction du modèle en rapport avec le projet poursuivi. Nous nous situons ici dans le cadre d'une épistémologie constructiviste au sens de Le Moigne [1995].

La logistique apparaît ici comme une démarche d'ingénierie organisationnelle « ancrée » au sens de David [2000], c'est-à-dire une science de conception dont l'objectif est de produire des « théories intermédiaires » permettant des interactions permanentes entre des faits mis en forme et un corpus gestionnaire générique. Par ailleurs, cette définition « organisationnelle » de la logistique, en se donnant comme base les sciences de l'ingénierie [Le Moigne, 1990], permet aux sciences de gestion et aux sciences de la computation de se côtoyer, dans la classification des sciences de Jean Piaget.

# Conclusion / Vers la logistique de projet

La logistique a profondément évolué au cours de son histoire. Les métamorphoses de la logistique d'entreprise, depuis les années 1960, sont significatives de la capacité de cette dernière à répondre aux préoccupations effectives des organisations à une période donnée, dans un environnement donné. Or le contexte de l'économie du XXIe siècle, que l'on peut traduire comme l'émergence d'une économie de la connaissance au sens de Dominique Foray [2000], provoque de profonds bouleversements quant aux problèmes spécifiques de nos organisations économiques. En effet, c'est une nouveauté historique que la place prise par la connaissance dans notre économie, tant dans la croissance que dans l'organisation des activités économiques. Si l'on veut caractériser cette économie fondée sur la connaissance, les économistes convergent vers l'idée que c'est la place de plus en plus grande accordée au « changement » en tant qu'activité économique qui en constitue le facteur le plus significatif. Auparavant, il était possible de distinguer des combinaisons entre des phases brèves de construction de nouvelles capacités et des phases plus longues d'exploitation de ces capacités. Aujourd'hui, c'est un régime d'innovation permanente qui se met en place. C'est le statut accordé à l'innovation dans la stratégie de l'entreprise qui est profondément modifié. Comme l'expose le Centre de recherche en gestion de l'École polytechnique [CRG, 2002], l'innovation était une arme de croissance pour les plus entreprenants, elle devient une condition de survie. Elle était rare et ponctuelle, elle devient fréquente. Localisée à quelques secteurs, elle les concerne quasiment tous aujourd'hui. Les décideurs connaissent une véritable « révolution managériale » analogue à ce qu'ils ont connu dans les années 1980 avec la notion de juste à temps, de production flexible et de qualité totale. Il s'agit de mettre en œuvre de nouvelles rationalisations des processus de conception. Les modes de gestion qui vont prévaloir dans ce type de contexte s'apparentent de plus en plus à du management de projet à risque associé à des préoccupations en matière de management de la connaissance [Nonaka et Takeuchi, 1997]. On pourrait résumer en disant que la question essentielle en matière de gestion devient : comment concevoir et mettre en œuvre une action collective innovante — un projet — dans un contexte évolutif, risqué et incertain ? Ces grandes modifications organisationnelles vont avoir des conséquences logistiques importantes : les modalités de pilotage des chaînes logistiques vont être affectées. La logistique va s'apparenter de plus en plus à une logistique de projet, et non à une logistique d'opérations standardisées (le corpus du management de projet va prendre une valeur grandissante pour le logisticien, pour une synthèse récente, voir Garel [2003, 2006]). Une logistique « agile » que nous avons commencé à apercevoir lors de la construction de la chaîne dynamique. C'est l'hypothèse défendue par Jacques Colin [2004]. La démarche *supply chain* du futur va chercher à s'affranchir du recours à des ressources stables, et donc coûteuses à maintenir, pour se tourner vers une aptitude à la mobilisation au coup par coup de telle ou telle ressource disponible, au meilleur coût, à un moment donné, quelque part dans le monde. On assisterait à l'émergence d'une *supply chain* à caractère virtuelle et éphémère. Jacques Colin [2004, p. 43] précise : « Elle fonctionnerait selon un mode projet, sur le modèle des travaux publics, et aurait pour pierre angulaire un système d'information très ouvert sur tout type d'acteur présent sur un marché donné pour être capable de l'identifier, de l'auditer, de l'associer provisoirement aux autres acteurs mobilisés dans la même chaîne, de le piloter et… de l'abandonner à l'issue du marché. »

Le cœur de cette économie de la connaissance repose sur la capacité des organisations à faire émerger des pratiques nouvelles plus performantes et/ou à se les approprier pour dégager des gains de productivité. Cette chaîne logistique de l'innovation en voie de construction présuppose que l'opérateur de base, celui qui fait, puisse trouver pleinement le « sens » de son activité selon l'expression d'Yves Clot [1999], condition non suffisante mais nécessaire pour libérer sa créativité et accroître sa réceptivité à de nouvelles manières de « faire ». La logistique va devoir se préoccuper d'intégrer, plus qu'elle ne l'a fait par le passé, cette composante proprement « humaine » dans son exercice de modélisation de l'organisation.

## Repères bibliographiques


ACKOFF R.L. [1973], *Méthode de planification dans l'entreprise*, Éditions d'organisation, Paris.

AKBARI JOKAR M.R., FREIN Y. et DUPONT L. [2002], « Évolution du concept de logistique », *Revue française de gestion industrielle*, vol. 21, nº 3.

AOKI M. [1986], « Horizontal *versus* vertical information structure of the firm », *The American Economic Review*, vol. 76, nº 5.

ASLOG, www.aslog.org.

AURIFEILLE J.-M., COLIN J., PACHÉ G., FABBE-COSTES N. et JAFFEUX C. [1997], *Management logistique : une approche transversale*, LITEC, Éditions Management-Société, Caen.

AVENIER M.-J. [2000], *Ingénierie des pratiques collectives*, L'Harmattan, Paris.

BAGLIN G. *et al.* [2001], *Management industriel et logistique*, Economica, Paris.

BALLOU R.H. [1978], *Basic Business Logistics*, Englewood Cliffs, Prentice Hall.

BATESON G. [1980], *Vers une écologie de l'esprit*, tome 1, Seuil, Paris.

BERGE C. [1985], Graphes, Gauthier-Villars, Paris.

BERRY M. [1983], *Une technologie invisible ? L'impact des instruments de gestion*, Éditions du Centre de recherche en gestion de l'École polytechnique, Palaiseau.

— [1996], « Savoir théorique en gestion », *in* BARBIER J.-M. *et al.*, *Savoirs théoriques et savoirs d'action*, PUF, Paris, p. 43-56.

CAMP R.-C. [1992], *Le Benchmarking : pour atteindre l'excellence et dépasser vos concurrents*, Éditions d'organisation, Paris.

CENTRE DE RECHERCHE EN GESTION DE L'ÉCOLE POLYTECHNIQUE (CRG) [2002], http://crg.polytechnique.fr/

CLAUSEWITZ C.-V. [1955], *De la guerre*, Minuit, Paris.

CLOT Y. [1999], *La Fonction psychologique du travail*, PUF, Paris.

COLIN J. [1996], *La Logistique : histoire et perspectives*, *in*

GOURGAND M. et LIÈVRE P., *La Logistique, recherches et mises en œuvre*, Hermès science publications, Paris, p. 11-34.

— [1997], « La logistique amont : de la maîtrise des interfaces avec les fournisseurs à la conception des produits », *in* AURIFEILLE J.-M. *et al.*, *Management logistique : une approche transversale*, LITEC, Éditions Management-Société, Caen.

— [2004], « La logistique du point de vue des sciences de gestion », *in* LIÈVRE P. et TCHERNEV N., *La Logistique entre management et optimisation*, Hermès & Lavoisier, Paris, p. 34-43.

COOK J. [2005], *Relations de voyages autour du monde*, La Découverte, « Poche/Littérature et voyages ».

DALLERY Y. et VERICOURT F. [1999], « Pilotage de systèmes de production à flux tiré », *Logistique et Management*, vol. 8, n° 1.

DAVID A. [1996], *Structure et dynamique des innovations managériales*, Cahier de recherche du CGS, École des mines de Paris, n° 12.

— [2000], « La recherche-intervention, cadre général pour la recherche en management », *in* DAVID A. *et al.*, *Les Nouvelles Fondations des sciences de gestion*, Vuibert, « Fonds national pour l'enseignement de la gestion d'entreprise », Paris, p. 193-214.

— [2005], « Études de cas et généralisation scientifique en sciences de gestion », *Revue sciences de gestion*, n° 39, p. 139-166.

DAVID A., HATCHUEL A. et LAUFER R. [2000], *Les Nouvelles Fondations des sciences de gestion*, Vuibert, Paris.

DORNIER P.-P. et FENDER M. [2001], *La Logistique globale, enjeux, principes, exemples*, Éditions d'organisation.

DULBECCO P. [2002], « Coopération interentreprises et innovation », *in* FABBE-COSTES N. et LIÈVRE P. (dir.), *Ordres et désordres en logistique*, Hermès & Lavoisier, Paris.

DUPUY G. [1986], *Système, réseaux et territoires*, Presses de l'École nationale des Ponts et Chaussées, Paris.

— [1987], « Système et réseau », *in* COLLOQUE DE CERISY, *Métamorphoses de la ville*, Economica, Paris, p. 209-214.

EYMERY P. [2003], *La Stratégie logistique*, PUF, « Que sais-je ? ».

FABBE-COSTES N. [1992], « La logistique ou la gestion des flux acceptés dans leur complexité », *3e séminaire MCX*, Aix-en-Provence.

— [2001], « Le soutien logistique intégré : quelles perspectives organisationnelles pour les expéditions en milieux extrêmes ? », *in* LIÈVRE P., *Logistique en milieux extrêmes*, Hermès Sciences Europe, Paris, p. 230-244.

— [2003], *Modélisation des processus logistiques*, e-theque, Logistique/Production.

FABBE-COSTES N. et COLIN J. [1994], « Formulating logistics strategy », *in* WATERS D. (dir.), *Global Logistics and Distribution*

*Planning : Strategies for Management*, Kogan Page, Londres, p. 36-53.

Fabbe-Costes N. et Lièvre P. [2002], « La logistique des expéditions polaires : caractérisation et apports à la logistique classique », *Logistique et Management*, vol. 10, n° 2, p. 25-39.

— (dir.) [2002], *Ordres et désordres en logistique*, Hermès & Lavoisier, Paris.

Fabbe-Costes N. et Meschi P.-X. [2000], « Situations types et évolutions de la place de la logistique dans l'organisation », *Logistique et Management*, vol. 8, n° 1, p. 101-112.

Fabbe-Costes N. et Romeyer C. [2004], « La traçabilité des activités de soins par les systèmes d'information hospitaliers : état des lieux », *Logistique et Management*, numéro spécial « La logistique hospitalière ».

Fleury G. et Cogis O. [2002], « Graphes à deux voix », *Brochure APMEP*, n° 149, octobre.

Foray D. [2000], *L'Économie de la connaissance*, La Découverte, « Repères », Paris.

Fournier T. [2005], « Introduction », *in* Victor P.E., *Œuvres autobiographiques, 1. La mansarde*, Transboréal, Paris, p. 17-34.

Garel G. [2003], *Le Management de projet*, La Découverte, « Repères », Paris.

— [2006], « Un état de l'art des recherches en France en management de projet », *in* Lièvre P. *et al.*, *Management de projets, les règles de l'activité à projet*, Hermès & Lavoisier, Paris.

Gélinas R. et Desaulniers M. [1998], « Le *kanban* et l'intégration logistique des fonctions approvisionnement et production », *in* Fabbe-Costes N. et Roussat C. (dir.), *Actes des deuxièmes Rencontres internationales de recherche en logistique*, Marseille, p. 559-574.

Geslin P. [1999], *L'Apprentissage des mondes, une anthropotechnologie appliquée aux transferts de technologie*, Éditions de la MSH, Paris.

Geslin P. et Lièvre P. [2006], « Anthropotechnologie et sciences de gestion, les possibilités d'un dialogue sur les modes sociaux d'appropriation des objets techniques », *in* Grimand A. (dir.), *L'Appropriation des outils de gestion, vers de nouvelles perspectives théoriques ?*, Publications de l'université de Saint-Étienne, Saint-Étienne.

Girin J. [1995], « Les agencements organisationnels », *in* Charue-Duboc F. (dir.), *Des savoirs en action*, L'Harmattan, « Logiques de gestion ».

Godelier E. [2006], « Du bon usage de la méthode historique par les chercheurs en management de projet », *in* Lièvre P., Lecoutre M. et Traoré M., *Management de projet. Mises en perspective de l'activité à projet*, Hermès & Lavoisier, Paris, p. 63-80.

Gondran M. et Minoux M. [1985], *Graphes et Algorithmes*, Eyrolles, Paris.

Grimand A. [2006], *L'Appropriation des outils de gestion : vers de nouvelles perspectives théoriques ?*, Publications de l'université de Saint-Étienne, Saint-Étienne.

Hatchuel A. et Weil B. [1992], *L'Expert et le Système*, Economica, Paris.

Heskett J.-L. [1978], « La logistique, élément clé de la stratégie », *Harvard L'Expansion*, n° 8.

Hubert A. [2003], « Éléments de logistique en matière d'expédition polaire à ski », *in* Lièvre P., *La Logistique des expéditions polaires à ski*, GNGL Production, Paris, p. 46-51.

Ifrah G. [1994], *Histoire universelle des chiffres*, tome 2, Robert Laffont, Paris.

Ishikawa K. [2002], *La Gestion de la qualité*, Dunod, Paris.

Jomini A.H. [1855], *Précis de l'art de la guerre*, Ivrea, Paris, 1994.

Jullien F. [1996], *Traité de l'efficacité*, Grasset, Paris.

Kerven G.Y. [1995], *Éléments fondamentaux des cindyniques*, Economica, Paris.

— [2005], « Histoire des cindyniques, émergence de nouveaux "patterns" : déconstruction de la destruction », Colloque de Cerisy, « Intelligence de la complexité : épistémologie et pragmatique », sous la direction d'Edgar Morin et de Jean-Louis Le Moigne, Cerisy-la-Salle, juin.

Kirby M.W. [2003], *Operational Research in War and Peace. The British Experience from the 1930s to 1970s*, Imperial College Press, Londres.

Kolb F. [1972], *La logistique : approvisionnement, production, distribution*, Entreprise moderne d'édition, Paris.

Lacomme P., Prins C. et Ramdane-Cherif W. [2004], « Competitive memetic algorithms for arc routing problems », *Annals of Operations Research*, vol. 131, p. 159-185.

Le Moigne J.-L. [1990], *La Modélisation des systèmes complexes*, Dunod, Paris.

— [1995], *Les Épistémologies constructives*, PUF, « Que sais-je ? », Paris.

— [1996], « Sur le projet complexe de l'apprenance : exercice de critique épistémologique interne », *in* Mallet J., *L'Organisation apprenante*, tome 2, université d'Aix-en-Provence, Sciences de l'éducation.

— [2000], « Quand savoir devient comprendre », *in* Avenier M.-J., *Ingénierie des pratiques collectives*, L'Harmattan, Paris, p. 7-15.

Leroy R. [1990], « L'économiste du travail en quête du social », *in* Michon F. et Segrestin D. (dir.), *L'Emploi, l'entreprise et la société*, Economica, Paris, p. 27-40.

Lièvre P. (dir.) [2001], *Logistique en milieux extrêmes*, Hermès, Paris.

— (dir.) [2003], *La Logistique des expéditions polaires à ski*, GNGL Production, Paris.

— [2004], « Vers un savoir d'action en sciences de gestion : le cas des expéditions polaires », *Annales des mines, gérer et comprendre*, n° 75, mars, p. 4-18.

— [2005], *Vers une logistique des situations extrêmes ! De la logistique de projet du point de vue d'une épistémologie de l'activité d'une expédition polaire*, dossier en vue de l'habilitation à diriger des recherches, université Aix-Marseille-II.

— [2006], « Les enjeux internes du développement de la logistique : lier les préoccupations de la conception d'un cadre commun entre la gestion et l'ingénierie », *Gestion, Revue internationale de gestion HEC Montréal*, vol. 31, n° 3, p. 97-103.

Lièvre P., Récopé M. et Rix G. [2003], « Finalités des expéditeurs polaires et principes d'organisation », *in* Lièvre P., *La Logistique des expéditions polaires à ski*, GNGL Production, Paris, p. 85-101.

Lièvre P. et Rix G. [2004], « Une méthode d'investigation contrôlée du phénoménal : l'entretien en *re-situ subjectif*. Une analyse de pratique des acteurs en situation : le cas de l'organisation logistique d'une expédition polaire », *Conférence internationale sur les méthodes de recherche*, Academy of management & ISEOR, Lyon, 18-20 mars.

— [2005], « Le management des expéditions polaires », *Revue française de comptabilité*, n° 383, décembre, p. 46-52.

— [2005b], « Organisation apprenante le cas "exemplaire" des expéditions polaires », *in* Le Moigne J.-L. et Morin E. (dir.), *Intelligence de la complexité : épistémologie et pragmatique*. Le texte est accessible sur le site MCX.

— [2006], « Un dispositif d'investigation de l'effectivité organisationnelle d'une expédition polaire », *in* Lièvre P., Lecoutre M. et Traoré M., *Management de projet. Mises en perspective de l'activité à projet*, Hermès & Lavoisier, Paris, p. 114-124.

Lièvre P. et Tchernev N. (dir.) [2004], *La Logistique entre management et optimisation*, Hermès & Lavoisier, Paris.

Lorino P. [2003], *Méthodes et pratiques de la performance*, Éditions d'organisation.

Magee J.F. [1968], *Industrial Logistics, Analysis and Management of Physical Supply and Distribution System*, McGraw Hill, New York.

Malaurie J. [1990], *Ultima Thulé*, Bordas, Paris.

Marliave C. de [2003], « Histoire de la logistique polaire », *in* Lièvre P., *La Logistique des expéditions polaires à ski*, GNGL Production, Paris, p. 75-84.

Martinet A.-C. [2000], « Épistémologie de la connaissance praticable : exigences et vertus de l'indiscipline », *in* David A. *et al.*, *Les Nouvelles Fondations des sciences de gestion*, Vuibert, Paris, p. 111-124.

Mathe H. [2004], « La logistique entre management et optimisation : le point de vue des sciences de gestion », *in* Lièvre P. et Tchernev N., *La Logistique entre management et optimisation*,

Hermès & Lavoisier, Paris, p. 265-271.

MATHE H. et TIXIER D. [1991], *La Logistique*, PUF, « Que sais-je ? », Paris.

MATHE H., TIXIER D. et COLIN J. [1996], *La Logistique d'entreprise*, Dunod, Paris.

MESNARD X. et PFOHL H.C. [1999], « La *supply chain* de demain : évolution ou révolution », *Logistique et Management*, vol. 7, n° 1.

MOISDON J.-C. [1997], *Du mode d'existence des outils de gestion*, Séli-Arslan, Paris.

MOLET H. et DORNIER P.-P. [2004], « L'art de l'entreprise globale », *Les Échos*.

MOLET H. *et al.* [2006], *Systèmes de production et de logistique*, Hermès & Lavoisier, « Finance, gestion, management », Paris.

MORANA J. et PACHÉ G. [2000], « *Supply chain management* et tableau de bord prospectif : à la recherche de synergies », *Logistique et Management*, vol. 8, n° 1.

MORIN E. [1990], *Introduction à la pensée complexe*, ESF, Paris.

NAKAJIMA S. [1990], *La Maintenance productive totale TPM*, Afnor, « Afnor Gestion », Saint-Denis-La Plaine.

NONAKA I. et TAKEUCHI H. [1997], *La Connaissance créatrice*, De Boeck, Bruxelles.

NOWICKI E. et SMUTNICKI C. [1996], « A fast taboo search algorithm for the jobshop problem », *Management Science*, vol. 42, n° 6, p. 797-813.

OHNO T. [1990], *L'Esprit Toyota*, Masson, Paris.

OSADA T. [1993], *Les 5 S*, Dunod, Paris.

PACHÉ G. [2000], « La logistique », *Encyclopédie Universalis*.

— [2002], « Une problématique du nouvel ordre logistique : le pilotage des réseaux de compétences », *in* FABBE-COSTES N. et LIÈVRE P. (dir.), *Ordres et désordres en logistique*, Hermès & Lavoisier, Paris.

PACHÉ G. et SAUVAGE T. [2004], *La Logistique, enjeux stratégiques*, Vuibert, Paris.

PERRET F.L. et JAFFEUX C. [2002], *The Essentials of Logistics and Management*, Presses polytechniques et universitaires romandes, Lausanne.

PIAGET J. [1967], *Logique et connaissance scientifique*, Gallimard, « Encyclopédie de la Pléiade », Paris.

— [1974], *Réussir et comprendre*, PUF, Paris.

PIMOR Y. [1998], *Logistique, techniques et mise en œuvre*, Dunod, Paris.

— [2001], *Logistique, techniques et mise en œuvre*, Dunod, Paris, nouvelle édition.

PORTER M. [1980], *Competitive Strategy*, Free Press, New York.

— [1986], *L'Avantage concurrentiel*, InterÉditions, Paris.

— [1997], « Stratégies concurrentielles », *in* SIMON Y. et JOFFRE P., *Encyclopédie de gestion*, Economica, Paris.

RIX G. [2006], « Pour un meilleur positionnement du *dire* par rapport à l'*agir* », *in* LIÈVRE P., LECOUTRE M. et TRAORÉ M.,

*Management de projet. Mises en perspective de l'activité à projet*, Hermès & Lavoisier, Paris, p. 82-97.

— [2007, à paraître], « Une mise en perspective de modes d'investigation de l'activité humaine », *in* AVENIER M.-J. et SCHMITT C., *Agir et Savoir*, L'Harmattan, Paris.

RIX G. et BIACHE M.-J. [2004], « Enregistrement en perspective *subjective située* et entretien en *re-situ subjectif* : une méthodologie de constitution de l'expérience », *Intellectica*, n° 38, p. 363-396.

ROADEF [2005], www.roadef.org/presentation/index.html.

RUYER R. [1954], *La Cybernétique et l'origine de la théorie de l'information*, Flammarion, Paris.

SCHÖN D. [1994], *Le praticien-réflexif. À la recherche du savoir caché dans l'agir professionnel*, Logiques, Montréal.

— [1996], « À la recherche d'une nouvelle épistémologie de la pratique et de ce qu'elle implique pour les adultes », *in* BARBIER J.-M. *et al.*, *Savoirs théoriques et savoirs d'action*, PUF, Paris, p. 201-222.

SFEZ L. [1992], *Critique de la communication*, Seuil, « Points Essais », Paris.

SHAPIRO R.D. [1993], « Mutation des organisations logistiques dans les entreprises américaines », *Congrès Aslog*.

SHIMUZU K. [1999], *Le Toyotisme*, La Découverte, « Repères », Paris.

SHINGO S. [1986], *Zero Quality Control : Source Inspection and the Poka-Yoke System*, Productivity Press, Stamford/Cambridge.

SIMON H.L. [1986], « Commentaires », *in* DEMAILLY A. et LEMOIGNE J.-L., *Sciences de l'intelligence, sciences de l'artificiel*, PUL, « Sciences des systèmes », Lyon.

— [1991], *Sciences des systèmes, sciences de l'artificiel*, Dunod, Paris.

SOHIER J. [2001], *La Logistique*, Vuibert, Paris.

SOLE FRANCE, www.sole-france.org.

STANDING COMMITTEE ON ANTARTIC LOGISTICS AND OPERATION [2000], Japon, Tokyo.

SUN T. [1972]. *L'Art de la guerre*, Flammarion, « Champs », Paris.

TASSEL J. [1993], « L'excellence logistique pour dépasser les attentes clients », A.T. Kearney France, *Congrès Aslog*.

TEULIER R. et LORINO P. [2005], *Entre connaissance et organisation : l'action collective*, La Découverte, « Recherches », Paris.

— [2005b], « Des connaissances à l'organisation par l'agir collectif », *in* TEULIER R. et LORINO P., *Entre connaissance et organisation : l'activité collective*, La Découverte, « Recherches », Paris.

THEUREAU J. [1992], *Le cours d'action, analyse sémiologique : essais d'une anthropologie cognitive située*, Peter Lang, Berne.

— [2006], *Le Cours d'action, méthode développée*, Octarès, Toulouse.

THIÉTART R.-A. *et al.* [1999], *Méthodes de recherche en management*, Dunod, Paris.

THOMAZI A. [1942], *Les Expéditions polaires*, PUF, « Que sais-je ? », Paris.

TIXIER D., MATHE H. et COLIN J. [1996], *La Logistique d'entreprise*, Dunod, Paris.

VALLIN P. [2001], *La Logistique : modèles et méthodes de pilotage des flux*, Economica, Paris.

VAUJANY F.-X. DE [2005], *De la conception à l'usage, vers un management de l'appropriation des outils de gestion*, Management et Société, Colombelles.

VAUJANY F.-X. DE et GRIMAND A. [2006], « Repères pour un management de l'appropriation des outils de gestion », *in* LIÈVRE P., LECOUTRE M. et TRAORÉ M.K., *Management de projet. Mises en perspective de l'activité à projet*, Hermès & Lavoisier, Paris, p. 198-208.

VERGNAUD G. [1996], « Au fond de l'action, la conceptualisation », *in* Barbier J.-M., *Savoirs théoriques et savoirs d'action*, PUF, Paris, p. 275-292.

VERMERSCH P. [1994], *L'Entretien d'explicitation*, ESF, Paris.

VICTOR P.E. [1958], « Les explorations polaires », *in* PARIAS L.H., *Les Explorateurs*, Robert Laffont, Paris, 2004, p. 1021-1150.

— [1962], *L'Homme à la conquête des pôles*, Plon, Paris.

WEICK K.E. [2001], *Making Sense of the Organization*, Blackwell Publishers, Oxford/Malden.

— [2003], « Préface », *in* VIDAILLET B., *Le Sens de l'action*, Vuibert/Institut Vital-Roux, Paris.

WIENER N. [1952], *Cybernétique et Société*, Éditions des deux rives, Paris.

ZARIFIAN P. [2002], *Compétence, performance et valeur*, communication au Colloque organisé par l'ESCP, Rouen, http://perso.orange.fr/philippe.zarifian/p9.htm.

# Table des matières

## III La boîte à outils de la logistique



## IV Une pratique réflexive « générique » : le cas des expéditions polaires

## V La logistique comme une démarche d'ingénierie organisationnelle

# Collection

# R E P È R E S

*dirigée par*

Jean-Paul Piriou (de 1987 à 2004), *puis par* Pascal Combemale,

*avec* Stéphane Beaud, André Cartapanis, Bernard Colasse, Françoise Dreyfus, Yannick L'Horty, Philippe Lorino, Dominique Merllié, Christophe Prochasson, Michel Rainelli et Yves Winkin.

## ÉCONOMIE

**France face à la mondialisation (La)**, n° 248, Anton Brender.

**France face aux marchés financiers (La)**, n° 385, Anton Brender.

**Grandes économies européennes (Les)**, n° 256, Jacques Mazier.

**Histoire de l'Europe monétaire**, n° 250, Jean-Pierre Patat.

**Incertitude dans les théories économiques (L')**, n° 379, Nathalie Moureau et Dorothée Rivaud-Danset.

**Industrie française (L')**, n° 85, Michel Husson et Norbert Holcblat.

**Inflation et désinflation**, n° 48, Pierre Bezbakh.

**Introduction aux théories économiques**, n° 262, Françoise Dubœuf.

**Introduction à Keynes**, n° 258, Pascal Combemale.

**Introduction à la macroéconomie**, n° 344, Anne Épaulard et Aude Pommeret.

**Introduction à la microéconomie**, n° 106, Gilles Rotillon.

**Introduction à l'économie de Marx**, n° 114, Pierre Salama et Tran Hai Hac.

**Investisseurs institutionnels (Les)**, n° 388, Aurélie Boubel et Fabrice Pansard.

**FMI (Le)**, n° 133, Patrick Lenain.

**Lexique de sciences économiques et sociales**, n° 202, Jean-Paul Piriou et Denis Clerc.

**Libéralisme de Hayek (Le)**, n° 310, Gilles Dostaler.

**Lire l'économétrie**, n° 460, Luc Behaghel.

**Macroéconomie. Investissement (L')**, n° 278, Patrick Villieu.

**Macroéconomie. Consommation et épargne**, n° 215, Patrick Villieu.

**Macroéconomie financière** :
**1. Finance, croissance et cycles**, n° 307 ;
**2. Crises financières et régulation monétaire**, n° 308, Michel Aglietta.

**Marchés du travail en Europe (Les)**, n° 291, IRES.

**Marchés financiers internationaux (Les)**, n° 396, André Cartapanis.

**Mathématiques des modèles dynamiques**, n° 325, Sophie Jallais.

**Microéconomie des marchés du travail**, n° 354, Pierre Cahuc, André Zylberberg.

**Modèles productifs (Les)**, n° 298, Robert Boyer et Michel Freyssenet.

**Mondialisation et délocalisation des entreprises**, n° 413, El Mouhoub Mouhoud.

**Mondialisation et l'emploi (La)**, n° 343, Jean-Marie Cardebat.

**Monnaie et ses mécanismes (La)**, n° 295, Dominique Plihon.

**Multinationales globales (Les)**, n° 187, Wladimir Andreff.

**Mutations de l'emploi en France (Les)**, n° 432, IRES.

**Notion de risque en économie (La)**, n° 444, Pierre-Charles Pradier.

**Nouvelle histoire économique de la France contemporaine** :
**1. L'économie préindustrielle (1750-1840)**, n° 125, Jean-Pierre Daviet.
**2. L'industrialisation (1830-1914)**, n° 78, Patrick Verley.
**3. L'économie libérale à l'épreuve (1914-1948)**, n° 232, Alain Leménorel.
**4. L'économie ouverte (1948-1990)**, n° 79, André Gueslin.

**Nouvelle économie (La)**, n° 303, Patrick Artus.

**Nouvelle économie chinoise (La)**, n° 144, Françoise Lemoine.

**Nouvelle microéconomie (La)**, n° 126, Pierre Cahuc.

**Nouvelle théorie du commerce international (La)**, n° 211, Michel Rainelli.

**Nouvelles politiques de l'emploi (Les)**, n° 454, Yannick L'Horty.

**Nouvelles théories de la croissance (Les)**, n° 161, Dominique Guellec et Pierre Ralle.

**Nouvelles théories du marché du travail (Les)**, n° 107, Anne Perrot.

**Nouveau capitalisme (Le)**, n° 370, Dominique Plihon.

**Nouveaux indicateurs de richesse (Les)**, n° 404, Jean Gadrey et Florence Jany-Catrice.

**Organisation mondiale du commerce (L')**, n° 193, Michel Rainelli.

**Paradis fiscaux (Les)**, n° 448, Christian Chavagneux et Ronen Palan.

**Partenariats public-privé (Les)**, n° 441, F. Marty, S. Trosa et A. Voisin.

**Politique de la concurrence (La)**, n° 339, Emmanuel Combe.

**Politique monétaire (La)**, n° 479, Christian Bordes.

**Politiques de l'emploi et du marché du travail (Les)**, n° 373, DARES.

**Population française (La)**, n° 75, Jacques Vallin.

**Population mondiale (La)**, n° 45, Jacques Vallin.

**Produits financiers dérivés**, n° 422, Yves Jégourel.

**Protection sociale (La)**, n° 72, Numa Murard.

**Protectionnisme (Le)**, n° 322, Bernard Guillochon.

**Qualité de l'emploi (La)**, n° 456, CEE.

**Quel avenir pour nos retraites ?** n° 289, Gaël Dupont et Henri Sterdyniak.

**Régionalisation de l'économie mondiale (La)**, n° 288, Jean-Marc Siroën.

**Revenu minimum garanti (Le)**, n° 98, Chantal Euzéby.

**Revenus en France (Les)**, n° 69, Yves Chassard et Pierre Concialdi.

**Socio-économie des services**, n° 369, Jean Gadrey.

**Système monétaire international (Le)**, n° 97, Michel Lelart.

**Taux de change (Les)**, n° 103, Dominique Plihon.

**Taux d'intérêt (Les)**, n° 251, A. Bénassy-Quéré, L. Boone et V. Coudert.

**Taxe Tobin (La)**, n° 337, Yves Jegourel.

**Théorie de la régulation (La)**, n° 395, Robert Boyer.

**Théorie économique néoclassique (La)** :
**1. Microéconomie**, n° 275,
**2. Macroéconomie**, n° 276, Bernard Guerrien.

**Théories de la monnaie (Les)**, n° 226, Anne Lavigne et Jean-Paul Pollin.

**Théories des crises économiques (Les)**, n° 56, Bernard Rosier et Pierre Dockès.

**Théories du salaire (Les)**, n° 138, Bénédicte Reynaud.

**Théories économiques du développement (Les)**, n° 108, Elsa Assidon.

**Travail des enfants dans le monde (Le)**, n° 265, Bénédicte Manier.

**Travail et emploi en Europe**, n° 417, John Morley, Terry Ward et Andrew Watt.

**Urbanisation du monde (L')**, n° 447, Jacques Véron.

## SOCIOLOGIE

**Bouddhisme en Occident (Le)**, n° 478, Lionel Obadia.

**Capital social (Le)**, n° 458, Sophie Ponthieux.

**Catégories socioprofessionnelles (Les)**, n° 62, Alain Desrosières et Laurent Thévenot.

**Conditions de travail (Les)**, n° 301, Michel Gollac et Serge Volkoff.

**Critique de l'organisation du travail**, n° 270, Thomas Coutrot.

**Culture matérielle (La)**, n° 431, Marie-Pierre Julien et Céline Rosselin.

**Démocratisation de l'enseignement (La)**, n° 345, Pierre Merle.

**Économie sociale (L')**, n° 148, Claude Vienney.

**Enseignement supérieur en France (L')**, n° 429, Maria Vasconcellos.

**Ergonomie (L')**, n° 43, Françoise Darses et Maurice de Montmollin.

**Étudiants (Les)**, n° 195, Olivier Galland et Marco Oberti.

**Féminin, masculin**, n° 389, Michèle Ferrand.

**Formation professionnelle continue (La)**, n° 28, Claude Dubar.

**Histoire de la sociologie :**
**1. Avant 1918**, n° 109,
**2. Depuis 1918**, n° 110,
Charles-Henry Cuin et François Gresle.

**Histoire du féminisme**, n° 338, Michèle Riot-Sarcey.

**Histoire du travail des femmes**, n° 284, Françoise Battagliola.

**Insécurité en France (L')**, n° 353, Philippe Robert.

**Intérim (L')**, n° 475, Dominique Glaymann.

**Introduction aux *Science Studies***, n° 449, Dominique Pestre.

**Jeunes (Les)**, n° 27, Olivier Galland.

**Jeunes et l'emploi (Les)**, n° 365, Florence Lefresne.

**Méthode en sociologie (La)**, n° 194, Jean-Claude Combessie.

**Méthodes de l'intervention psychosociologique (Les)**, n° 347, Gérard Mendel et Jean-Luc Prades.

**Méthodes en sociologie (Les) : l'observation**, n° 234, Henri Peretz.

**Métiers de l'hôpital (Les)**, n° 218, Christian Chevandier.

**Mobilité sociale (La)**, n° 99, Dominique Merllié et Jean Prévot.

**Modernisation des entreprises (La)**, n° 152, Danièle Linhart.

**Multiculturalisme (Le)**, n° 401, Milena Doytcheva.

**Notion de culture dans les sciences sociales (La)**, n° 205, Denys Cuche.

**Nouveau système français de protection sociale (Le)**, n° 382, Jean-Claude Barbier et Bruno Théret.

**Personnes âgées (Les)**, n° 224, Pascal Pochet.

**Pouvoir des grands (Le).** *De l'influence de la taille des hommes sur leur statut social*, n° 469, Nicolas Herpin.

**Santé des Français (La)**, n° 330, Haut comité de la santé publique.

**Sciences de l'éducation (Les)**, n° 129, Éric Plaisance et Gérard Vergnaud.

**Société du risque (La)**, n° 321, Patrick Peretti Watel.

**Sociologie de Durkheim (La)**, n° 154, Philippe Steiner.

**Sociologie de Erving Goffman (La)**, n° 416, Jean Nizet et Natalie Rigaux.

**Sociologie de Georg Simmel (La)**, n° 311, Frédéric Vandenberghe.

**Sociologie de l'alimentation**, n° 468, F. Régnier, A. Lhuissier et S. Gojard.

**Sociologie de l'architecture**, n° 314, Florent Champy.

**Sociologie de l'argent (La)**, n° 473, Damien de Blic et Jeanne Lazarus.

**Sociologie de l'art**, n° 328, Nathalie Heinich.

**Sociologie de l'éducation**, n° 169, Marlaine Cacouault et Françoise Œuvrard.

**Sociologie de l'emploi**, n° 132, Margaret Maruani et Emmanuèle Reynaud.

**Sociologie de l'immigration**, n° 364, Andrea Rea et Maryse Tripier.

**Sociologie de l'organisation sportive**, n° 281, William Gasparini.

**Sociologie de la bourgeoisie**, n° 294, Michel Pinçon et Monique Pinçon-Charlot.

**Sociologie de la consommation**, n° 319, Nicolas Herpin.

**Sociologie de la lecture**, n° 376, Chantal Horellou-Lafarge et Monique Segré.

**Sociologie de la négociation**, n° 350, Reynald Bourque et Christian Thuderoz.

**Sociologie de la prison**, n° 318, Philippe Combessie.

**Sociologie de la ville**, n° 331, Yankel Fijalkow.

**Sociologie de Marx (La)**, n° 173, Jean-Pierre Durand.

**Sociologie de Max Weber (La)**, n° 452, Catherine Colliot-Thélène.

**Sociologie de Norbert Elias (La)**, n° 233, Nathalie Heinich.

**Sociologie de Paris**, n° 400, Michel Pinçon et Monique Pinçon-Charlot.

**Sociologie des cadres**, n° 290, Paul Bouffartigue et Charles Gadea.

**Sociologie des changements sociaux (La)**, n° 440, Alexis Trémoulinas.

**Sociologie des chômeurs**, n° 173, Didier Demazière.

**Sociologie des comportements sexuels**, n° 221, Maryse Jaspard.

**Sociologie des employés**, n° 142, Alain Chenu.

**Sociologie des entreprises**, n° 210, Christian Thuderoz.

**Sociologie des mouvements sociaux**, n° 207, Erik Neveu.

**Sociologie des organisations**, n° 249, Lusin Bagla.

**Sociologie des pratiques culturelles**, n° 418, Philippe Coulangeon.

**Sociologie des publics**, n° 366, Jean-Pierre Esquenazi.

**Sociologie des relations professionnelles**, n° 186, Michel Lallement.

**Sociologie des réseaux sociaux**, n° 398, Pierre Mercklé.

**Sociologie des syndicats**, n° 304, Dominique Andolfatto et Dominique Labbé.

**Sociologie du crime (La)**, n° 435, Philippe Robert.

**Sociologie du droit**, n° 282, Évelyne Séverin.

**Sociologie du sida**, n° 355, Claude Thiaudière.

**Sociologie du sport**, n° 164, Jacques Defrance.

**Sociologie du travail (La)**, n° 257, Sabine Erbès-Seguin.

**Sociologie économique (La)**, n° 274, Philippe Steiner.

**Sociologie et anthropologie de Marcel Mauss**, n° 360, Camille Tarot.

**Sondages d'opinion (Les)**, n° 38, Hélène Meynaud et Denis Duclos.

**Syndicalisme enseignant (Le)**, n° 212, Bertrand Geay.

**Système éducatif (Le)**, n° 131, Maria Vasconcellos.

**Théories sociologiques de la famille (Les)**, n° 236, Catherine Cicchelli-Pugeault et Vincenzo Cicchelli.

**Travail et emploi des femmes**, n° 287, Margaret Maruani.

**Travailleurs sociaux (Les)**, n° 23, Jacques Ion et Bertrand Ravon.

**Urbanisme (L')**, n° 96, Jean-François Tribillon.

**Violences contre les femmes (Les)**, n° 424, Maryse Jaspard.

## SCIENCES POLITIQUES-DROIT

**Aménagement du territoire (L')**, n° 176, Nicole de Montricher.

**Collectivités locales (Les)**, n° 242, Jacques Hardy.

**Constitutions françaises (Les)**, n° 184, Olivier Le Cour Grandmaison.

**Construction européenne (La)**, n° 326, Guillaume Courty et Guillaume Devin.

**Décentralisation (La)**, n° 44, Xavier Greffe.

**DOM-TOM (Les)**, n° 151, Gérard Belorgey et Geneviève Bertrand.

**Droits de l'homme (Les)**, n° 333, Danièle Lochak.

**Droit du travail (Le)**, n° 230, Michèle Bonnechère.

**Droit international humanitaire (Le)**, n° 196, Patricia Buirette.

**Droit pénal**, n° 225, Cécile Barberger.

**Économie politique internationale**, n° 367, Christian Chavagneux.

**Évaluation des politiques publiques (L')**, n° 329, Bernard Perret.

**Femmes en politique**, n° 455, Catherine Achin et Sandrine Lévêque.

**Fonction publique (La)**, n° 189, Luc Rouban.

**Gouvernance de la mondialisation (La)**, n° 403, Jean-Christophe Graz.

**Groupes d'intérêt (Les)**, n° 453, Guillaume Courty.

**Histoire de l'administration**, n° 177, Yves Thomas.

**Histoire des idées politiques en France au XIXe siècle**, n° 243, Jérôme Grondeux.

**Histoire des idées socialistes**, n° 223, Noëlline Castagnez.

**Histoire du Parti communiste français**, n° 269, Yves Santamaria.

**Introduction à Castoriadis**, n° 471, Jean-Louis Prat.

**Introduction à la philosophie politique**, n° 197, Christian Ruby.

**Introduction à Marx**, n° 467, Pascal Combemale.

**Introduction au droit**, n° 156, Michèle Bonnechère.

**Islam (L')**, n° 82, Anne-Marie Delcambre.

**Justice en France (La)**, n° 116, Dominique Vernier.

**Nouvelle Constitution européenne (La)**, n° 380, Jacques Ziller.

**ONG (Les)**, n° 386, Philippe Ryfman.

**ONU (L')**, n° 145, Maurice Bertrand.

**Philosophie de Marx (La)**, n° 124, Étienne Balibar.

**Politique de la famille (La)**, n° 352, Jacques Commaille, Pierre Strobel et Michel Villac.

**Postcommunisme en Europe (Le)**, n° 266, François Bafoil.

**Régime politique de la Ve République (Le)**, n° 253, Bastien François.

**Régimes politiques (Les)**, n° 244, Arlette Heymann-Doat.

**Socialisme libéral (Le)**, n° 466, Serge Audier.

**Sociologie historique du politique**, n° 209, Yves Déloye.

**Sociologie des relations internationales**, n° 335, Guillaume Devin.

**Sociologie de la vie politique française**, n° 402, Michel Offerlé.

**Sociologie du phénomène Le Pen**, n° 428, Jacques Le Bohec.

**Syndicalisme en France depuis 1945 (Le)**, n° 143, René Mouriaux.

**Théories de la république (Les)**, n° 399, Serge Audier.

**Union européenne (L')**, n° 170, Jacques Léonard et Christian Hen.

## HISTOIRE

**Affaire Dreyfus (L')**, n° 141, Vincent Duclert.

**Archives (Les)**, n° 324, Sophie Cœuré et Vincent Duclert.

**Catholiques en France depuis 1815 (Les)**, n° 219, Denis Pelletier.

**Chronologie de la France au XXe siècle**, n° 286, Catherine Fhima.

**État et les cultes (L'). *1789-1905-2005***, n° 434, Jacqueline Lalouette.

**Franc-maçonneries (Les)**, n° 397, Sébastien Galceran.

**Front populaire (Le)**, n° 342, Frédéric Monier.

**Guerre froide (La)**, n° 351, Stanislas Jeannesson.

**Harkis (Les)**, n° 442, Tom Charbit.

**Histoire de l'Algérie coloniale, 1830-1954**, n° 102, Benjamin Stora.

**Histoire de l'Algérie depuis l'indépendance, 1. 1962-1988**, n° 316, Benjamin Stora.

**Histoire de l'immigration**, n° 327, Marie-Claude Blanc Chaléard.

## GESTION



## CULTURE-COMMUNICATION

**Marché de l'art contemporain (Le)**, n° 450, Nathalie Moureau et Dominique Sagot-Duvauroux.

**Médias en France (Les)**, n° 374, Jean-Marie Charon.

**Mondialisation de la culture (La)**, n° 260, Jean-Pierre Warnier.

**Musée et muséologie**, n° 433, Dominique Poulot.

**Presse des jeunes (La)**, n° 334, Jean-Marie Charon.

**Presse magazine (La)**, n° 264, Jean-Marie Charon.

**Presse quotidienne (La)**, n° 188, Jean-Marie Charon.

**Programmes audiovisuels (Les)**, n° 420, Benoît Danard et Remy Le Champion.

**Psychanalyse (La)**, n° 168, Catherine Desprats-Péquignot.

**Révolution numérique et industries culturelles**, n° 408, Alain Le Diberder et Philippe Chantepie.

**Sociologie du journalisme**, n° 313, Erik Neveu.

**Télévision (La)**, n° 405, Régine Chaniac et Jean-Pierre Jézéquel.

**Tests d'intelligence (Les)**, n° 229, Michel Huteau et Jacques Lautrey.

## Classiques

*R E P È R E S*

**La formation du couple.** *Textes essentiels pour la sociologie de la famille,* Michel Bozon et François Héran.

**Invitation à la sociologie**, Peter L. Berger.

**Un sociologue à l'usine.** *Textes essentiels pour la sociologie du travail,* Donald Roy.

## Dictionnaires

*R E P È R E S*

**Dictionnaire de gestion**, Élie Cohen.

**Dictionnaire d'analyse économique**, *microéconomie, macroéconomie, théorie des jeux, etc.*, Bernard Guerrien.

## Guides

*R E P È R E S*

**L'art de la thèse.** *Comment préparer et rédiger un mémoire de master, une thèse de doctorat ou tout autre travail universitaire à l'ère du Net,* Michel Beaud.

**Comment se fait l'histoire.** *Pratiques et enjeux,* François Cadiou, Clarisse Coulomb, Anne Lemonde et Yves Santamaria.

**La comparaison dans les sciences sociales.** *Pratiques et méthodes,* Cécile Vigour.

**Les ficelles du métier.** *Comment conduire sa recherche en sciences sociales,* Howard S. Becker.

**Guide de l'enquête de terrain**, Stéphane Beaud et Florence Weber.

**Guide des méthodes de l'archéologie**, Jean-Paul Demoule, François Giligny, Anne Lehoërff et Alain Schnapp.

**Guide du stage en entreprise**, Michel Villette.

**Manuel de journalisme.** *Écrire pour le journal,* Yves Agnès.

**Voir, comprendre, analyser les images**, Laurent Gervereau.

## Manuels

*R E P È R E S*

**Analyse macroéconomique 1.**

**Analyse macroéconomique 2.** 17 auteurs sous la direction de Jean-Olivier Hairault.

**Comprendre le monde.** *Une introduction à l'analyse des systèmes-monde,* Immanuel Wallerstein.

**L'explosion de la communication.** *Introduction aux théories et aux pratiques de la communication,* Philippe Breton et Serge Proulx.

**Une histoire de la comptabilité nationale**, André Vanoli.

**Histoire de la psychologie en France. XIXe-XXe siècles**, J. Carroy, A. Ohayon et R. Plas.

**La mondialisation de l'économie.** *Genèse et problèmes,* Jacques Adda.

Composition Facompo, Lisieux (Calvados)
Achevé d'imprimer en février 2007 sur les presses de l'imprimerie
Europe Media Duplication à Lassay-les-Châteaux (Mayenne)
Dépôt légal : février 2007
N° de dossier : 16818

*Imprimé en France*